스피치 앤 커뮤니케이션

저자 우설리
고려대학교 언론대학원 신문방송학 석사 수료
현) PI 전략가로 활동 중이며 보이스와 스피치 분야에서 다양한 활동
청운대학교 외래교수
방송경력 - 여수MBC, YTN라디오, KBSi, TBS 등에서 아나운서와 MC로 12년간 방송활동, 또봇과 바이클론즈 성우로 활동 중
강의경력 - 한양대학교 사회교육원 한국국제예술원, 정화예술대학, 인천문예전문대학 출강

저자 김미라
중앙대학교에서 행정학과 신문방송학을 전공
동대학원 신문방송대학원에서 석사 졸업
현)스피치 앤 커뮤니케이션 대표
현) 강원대 취업지원과 외래강사
방송경력 : TBS 서울교통방송, CBS 기독교방송, YTN RADIO 등에서 앵커와 MC, 리포터로 활동. MBC 꿈나무 축구대회 장내 아나운서 활동
강의경력 : 한림연예예술고등학교 패션모델과 강사, 김효석 쇼호스트 아카데미 강사, 한국콘텐츠진흥원 강사, 경기도 인재개발원 강사

스피치 앤 커뮤니케이션

초판 인쇄 2022년 3월 2일
초판 발행 2022년 3월 10일

저자 우설리 · 김미라
발행인 조규백
발행처 도서출판 구민사(07293) 서울특별시 영등포구 문래북로 116, 604호(문래동 3가 46, 트리플렉스)
전화 (02) 701-7421(~2)
팩스 (02) 3273-9642
홈페이지 www.kuhminsa.co.kr
신고번호 제2012-000055호 (1980년 2월 4일)

ISBN 979-11-6875-033-3 13320
값 25,000원

스피치 앤 커뮤니케이션

우설리 · 김미라 지음

구민사

어릴 때 말은 내게 오로지 나의 욕구를 위한 표현이었고 도구였다.

그리고 성인이 되어 방송을 준비하면서 내가 아닌 시청자를 위한 말을 배우기 시작했다. 어떤 말이 올바른 것이고 해서는 안 되는 것이며 어떻게 낭독하고 표현해야 카메라를 통해 전달되는 말이 힘을 가지게 될 것인가에 대해 늘 고민하고 싸워왔다. '나' 중심적인 아이를 지나 카메라 앞의 방송인을 거쳐, 이후 대중들 앞에 서서 강의를 하게 되면서 나는 다시 '청중'과 '수강생'을 위한 말은 어떻게 해야 하는 것인지 정리를 하게 되었다.

이 책을 접하는 많은 학생들에게 묻고 싶다. "말에게 주인이 있다면 누구의 것일까?"

정답은 없지만 나는 이렇게 말하고 싶다. "말은 생각하고 뱉어내는 순간까지는 내 것이고,

그 이후는 듣는 사람의 것이다." 마치 말은 선물과 같아서 상대를 생각하고 줄 때까지는 내 손에 들려있는 내 것이지만 상대에게 전달되고 나면 상대의 것이라는 것이다. 그리고 중요한 것은 상대가 그 선물을 볼 때 누가 주었는지 기억이 될 만한 의미도 담겨있어야 한다.

정성을 들여 고른 물건과 생각 없이 주는 물건은 물이라는 포장지가 있더라도 상대가 느끼는 바가 다를 것이다. 말도 이와 같다. 서로 주고받으며 그 속에서 좋은 감정이 피어나야 좋은 말이 아닐까 생각한다.

결국 말을 잘하기 위해서는
나를 위한 노력도 필요하고
상대를 위한 노력도 필요하다.

말하기는 말을 하는 환경에 따라서 공적말하기와 사적말하기로 나뉘는데 이 책은 공적말하기 부분을 다뤘다. 연설과 발표, 면접과 인터뷰 등 다수 앞에서 나를 잘 어필하고 전달력 있게 이야기하는 것에 중점을 두었다. 상대를 위해서는 잘 들리고 잘 이해되도록 하는 것에 목표를 두었다. 그리고 다수 앞에서 이야기하는 데 필요한 기초 훈련뿐만 아니라 말하기를 코칭하며 숱하게 들었던 고민들도 엮어 놓았다.

잘 표현하지 못해서 준비한 말이
빛을 발하지 못하거나
상대에게 미처 전달되지 못하는
선물이 되지 않기를 바란다.

이 책과 함께 한 시간을 통해 자신감이 넘치고 나와 상대에게 모두 기억되는 멋진 선물이 만들어졌으면 하는 바람이다.

우설리

살아 있는 모든 생물은 각자의 방식으로 의사소통을 한다.

몸짓이나 소리로 또는 냄새를 발생시키거나 배설물로 영역표시를 하면서 자신의 생각을 이야기한다. 그중에서 인간은 가장 과학적이고 논리적인 방법인 언어를 사용하며 서로의 생각을 표현하는데 현재까지도 언어의 기원에 대해서는 그 어느 역자학자도 이렇다 할 근거를 제시하지는 못하고 있다.

말이 없는 우리의 일상을 생각해 본 적이 있는가?

의사표현을 말이 아닌 글로만 한다면 이 또한 얼마나 불편하겠는가? 무의식적으로 또는 의식적으로 우리가 사용하는 말의 소중함과 중요성에 대해 큰 의미를 부여하지 않을 때가 많다. 직업적으로 말을 많이 하는 사람이 아니고서는 목소리의 매력이나 말의 능력에 대한 것이 직접 피부에 와 닿지는 않을 것이다.

우리는 초등학교에 들어가면서 한글 쓰기를 가장 먼저 배운다. 그리고 읽기와 말하기 등 다양한 방법의 국어 공부를 하지만 정작 말하기의 중요성은 간과될 때가 많고 평가에서도 항상 배제되어 왔다. 따라서 이미 성인이 된 후 다시금 말의 중요성을 인식하고 진학을 위해 또 구직을 위해 말하는 교육을 따로 받으며 고군분투하는 이들이 적지 않다.

10년 동안 방송 진행자로 우리말을 하면서 또 강사로서, 선생님으로서 교단에 서면서 말의 중요성과 언어의 힘에 대해 많은 것들을 깨닫고 배워왔다. 이 책은 말을 잘 할 수 있는 방법에 대해 자세히 담았다. 언어적인 말부터 비언어적인 말까지 모두 포함하여서 말이다. 그리고 말을 잘 하기 위한 기본 악기인 목소리를 어떻게 잘 관리하며 좋게 만드는지에 관한 다양한 연습법도 함께 제시하였다.

말을 잘 하는 것, 스피치는 이론보다 실기가 중요하다.

미래의 방송인을 준비하는 후배들, 그리고 배우를 꿈꾸며 오늘도 열심히 발성과 연기 연습을 하는 제자들의 꿈과 도전에 이 책을 통해 조금이라도 힘을 보태고 싶다. 짧은 내용의 말이라도 충분한 발성 연습과 호흡 연습을 한 후 정확한 발음을 구사하며 전한다면 그 효과는 배가 될 것이고 호감 가는 목소리는 어떤 직업을 가지든 좋은 이미지를 만드는데 밑거름이 될 것이다.

한 방송사에서 한글날의 특집으로 말의 힘에 대한 흥미로운 실험을 하였다. 갓 지은 쌀밥을 두 개의 플라스틱 용기에 담아두고 한달 동안의 쌀밥의 변화를 관찰하였는데 한쪽의 용기에는 '고맙습니다'라는 스티커를 붙여서 긍정의 말만 듣게 하고 다른 용기에는 '짜증나'가 쓰여진 스티커를 붙여두고 부정적인 말만 계속해서 듣게 하였다. 한달 후 이 실험의 결과는 어땠을까? 상온에 보관했던 두 용기 속의 쌀밥은 분명히 상했을 터인데 그 색과 모양이 확연히 달랐다. 긍정적인 말만 계속 들었던 '고맙습니다'가 붙여진 용기의 밥에는 구수한 누룩 냄새가 나는 곰팡이가 피어 있었고 '짜증나'가 쓰여진 용기의 밥은 거무스름하게 고약한 냄새를 풍기며 썩어 있었다. 사람도 아닌 미생물도 어떤 말을 듣느냐에 따라 그 변화를 다르게 한다는 것을 실험을 통해 보여준 사례이다. 그만큼 우리의 삶 속에 말이 얼마나 중요한 것인지를 과학적으로도 증명한 것이다.

좋은 목소리를 갖고 다정하고 똑부러지는 이미지로 긍정의 메시지를 많이 전하자.

사람에게는 인격이 중요하듯이 같은 언어도 어떻게 구사하느냐에 따라 언어의 품격이 달라진다. 이 책을 통해 다양한 말하기의 방법을 익히고 목소리를 변화시켜서 기품 있고 신뢰감 있는 스피커가 되길 바란다.

김미라

또한, 이 책의 출판을 위해 적극적으로 도움주신 도서출판 구민사 조규백 대표님과 직원 여러분께 깊은 감사를 드린다. - 저자 일동

contents

04장 공명

05장 표정과 눈맞춤

06장 자세와 제스처

07장 강조법

08장 말의 구조화

09장 입말과 글말

10장 자기소개

11장 첫인상과 면접

12장 설득스피치

13장 프레젠테이션

14장 방송인터뷰

15장 현대사회와 스피치매너

1
목소리 생성과정과 특징

2
목소리의 기능

3
보이스 이미지 알아보기

01장

보이스 이미지

1 ★ 목소리의 생성과정과 특징

목소리의 사전적인 의미는 목구멍에서 나는 소리다. 성대에서 공명을 통해 나오는 떨림에 의한 소리이며 음성적 표현을 위해 입 밖으로 표출되는 현상이다. 목소리는 호흡에 의한 날숨으로 성대를 진동시키며 발성 기관을 거쳐 인두, 구강, 비강을 통한다. 이후 공명 기관을 지나 혀, 입천장, 이, 그리고 발음을 하는 조음 기관에 의해 최종적으로 만들어진다. 성대는 크게 두 개의 근육으로 나뉜다. 그리고 후두를 앞뒤로 가로지르는 점막 주름이 'v'자처럼 이루어져 있다. 호흡을 통해 몸속에 들어온 공기가 이 주름을 통과하고 후두를 지나면서 목소리가 만들어진다.

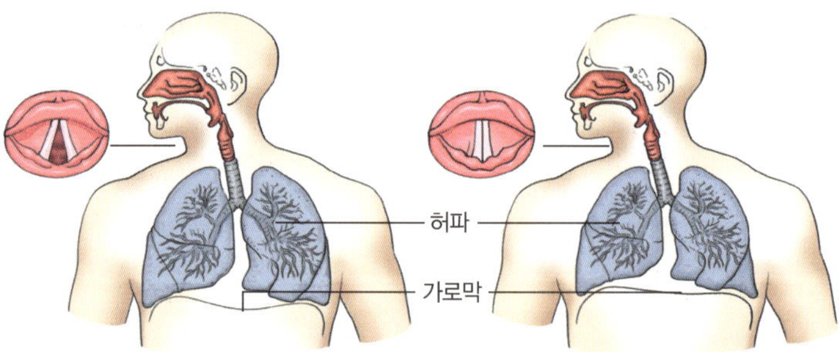

숨을 쉴 때(성대가 열림) 말할 때(성대가 좁아짐)

[그림 1-1] 목소리 생성 과정과 성대

보통 성인 여자의 성대는 2cm가 채 못 되며, 남성의 성대는 이보다 조금 더 긴 2.4cm 안팎이다. 한 쌍의 성대 사이를 성문이라고 한다. 호흡에 의한 공기가 날숨에 의해 몸 밖으로 빠져나올 때 호흡 기압이 좁아진 성대 틈을 통과한다. 이때 여러 발성 기관과 함께 공명 현상을 일으키며 소리가 난다. 사춘기가 되면 몸이 급격히 성장하면서 성대도 자연스럽게 길어지고 두꺼워지기 때문에 아이에서 어른으로 갈수록 목소리가 굵고 톤도 낮아진다.

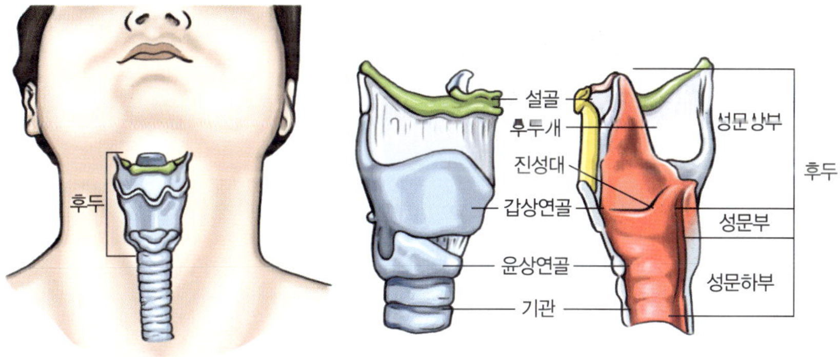

[그림 1-2] 발성 기관 -후두

목소리를 만들어 내는 것은 크게 호흡, 발성, 발음, 공명이다. 이 요소들은 서로 밀접한 관계 안에서 목소리를 발현하는 작용을 한다. 사람을 평가할 때 시각적인 요소 못지않게 청각적 요소도 중요한 작용을 한다. 미국에서 스타들의 목소리를 훈련하는 모든 쿠퍼 박사는 "왠지 끌리는 사람이 있다면 그 사람의 목소리를 주목하라"라고 했으며 목소리와 호감도의 연관성에 대해 강조하고 있다. 카리스마가 있고 묵직한 느낌을 주는 사람도 있고 따뜻하고 부드러운 목소리를 가진 사람도 있다. 사람마다 목소리를 내는 몸의 기관이 모두 다르고 환경적이고 습관에 의한 톤과 어투의 변화로 다른 느낌을 주기 때문이다. 또 목소리에 대한 선호도는 문화에 따라 차이가 생길 수 있는데 "이탈리아 사람들은 낮은 목소리를 선호하지만 프랑스 사람들은 높은 톤의 목소리에 더 호감을 느낀다."는 연구도 있다. 이탈리아 사람들은 카리스마 있는 리더를 원하고 프랑스인들은 국민의 요구를 충족시켜주는 리더를 원한다는 것이 그 이유다. 또 목소리에는 주파수가 있어서 일반적으로 남성 목소리는 100~8,000Hz, 여성은 180~10,000HZ 영역이기 때문에 여성이 남성보다 고음이 많은 것이 특징이다. 그러나 사람마다 소리를 내는 기관이 모두 다르기 때문에 외모처럼 목소리의 느낌도 모두 다르다.

청각적 이미지는 음성 자체가 가진 특성도 관여하지만 어투나 억양, 미소 등이 말을 하는 느낌을 변화시킨다. 그래서 목소리가 좋다고 해서 언제나 좋은 평가를 받는 것은 아니다. 마음가짐과 자세를 바로 하고 좋은 소리를 내야 한다. 더불어 좋은 표정과 바른말을 사용해 긍정적인 이미지로 만들어야 할 것이다.

2 ★★
목소리의 기능

1. 정보와 설득의 기능

사람들은 보통 목소리를 듣고 말하는 사람에 대해 다양한 정보를 알아낼 수 있다. 목소리에는 그 사람의 성별과 나이 등의 개인성이 담겨 있기 때문이다. 또 소리의 느낌으로 감정과 언어적 정보 등도 읽어낼 수 있다. 사람의 목소리에는 그 사람만의 고유한 특징들이 들어있다. 이를 활용한 사례로는 국내 S 통신업체에서 '목소리 인증' 시스템을 만들어 암호화하고 이를 인증에 이용한 바 있다. 이제는 나의 목소리가 나의 신분증을 대신하는 또 다른 정보 역할을 하고 있다는 것이다. 혹자는 전화 통화를 하면서 톤과 억양, 나이 등을 추측해 상대의 사회적 지위를 가늠하기도 한다. 이렇듯 목소리는 정보를 알 수 있는 역할을 한다.

목소리는 또 설득의 기능도 갖추고 있다. 학교나 직장생활에서 의사소통할 때 메시지의 전달력은 목소리로부터 나온다. 강의나 면접을 볼 때도 목소리에 따라 이미지와 기대치가 달라지는 경우가 있다. 면접에서 자기소개할 때 목소리의 크기가 현저히 작거나 말끝을 흐리다 보면 자신감이 없어 보여 면접관을 설득하는 데 실패할 수 있다. 또 고객 상담을 하거나 설명을 하는 업무를 하는 경우 과하게 허스키하면 피곤해 보이고 지쳐 보일 수 있어서 고객도 불편하고 말하는 사람 역시 자신감이 저하될 수 있다.

목소리를 상황에 맞게 조절하는 것도 설득의 도구가 될 수 있다. 방송에서 설득의 요소를 가장 많이 갖추고 말하는 홈쇼핑 쇼호스트들은 목소리를 다양하게 구사하며 구매 욕구를 자극하기도 한다.

2. 치유와 감성의 기능

발성을 할 때 발현되는 목소리의 크기와 질은 통증과 연관이 있다. 예를 들어 목소리를 낼 때 소리와 연관된 신경이 지나가는 곳에 암이 생기면 쉬 목소리나 소리의 변형이 온다. 또 음악치료 연구가들은 호흡과 토닝, 허밍, 가창과 감상 등으로 전해지는 목소리가 환자의 기분을 나아지게 한다거나 그들의 존재감을 인지시켜주는 데 효과적이라고 주장했다. 국내 한 연구에서는 암 말기 환자를 대상으로 목소리가 안정감에 어떤 변화를 가져다주는지 연구한 바 있다. 연구결과 모두 자신의 신체적 증상이나 심리적 증상을 편안히 받아들였다. 또 자신이 어떻게 목소리를 활용하여 프로그램에 참여할 것인가에 관해서 스스로 결정하는 주체적인 모습을 보였다. 소리의 부드러움과 억양에 따른 변화는 인간관계의 친밀성을 나타내기도 한다.

비즈니스 현장에서 강한 리더십을 발휘하는 차가운 카리스마는 목소리의 힘에서 우러나온다. 소리가 강하고 힘이 있을 때 차가운 감성을 어필할 수 있고 가족이나 지인, 가까운 사이에는 목소리가 부드럽고 억양의 굴곡이 많이 생겨 따뜻한 감성을 느끼게 하기도 한다.

3. 이미지로서의 기능

EBS의 한 프로그램에서 남성의 목소리로 여성들의 호감도를 알아보는 실험을 했다. 한 사람이 좋은 목소리와 그렇지 않은 목소리를 연기했다. 외모를 보지 않은 상태에서 실험에 참가한 여성들은 그 사람에 대해 주관적인 평가를 했다. 좋은 목소리를 낸 경우는 흰 와이셔츠에 수트를 멋지게 입었을 것 같고 전문 직종에 근무하며 피부가 좋을 것 같다고 평가한 반면 목소리를 이상하게 낸 경우는 아르바이트 정도의 일을 하는 사람이거나 나이가 어리고 호감이 가지 않는다는 평가를 내렸다. 이는 청각적인 목소리도 시각적인 작용을 한다는 것을 나타내준다. 그래서 겉모습은 깔끔한데 목소리가 이상하면 깬다는 표현을 하기도 한다. 이유는 바로 목소리가 만들어 낸 이미지가 겉모습의 이미지와 상충하기 때문이다.

목소리가 크고 힘이 있다면 면접에서 자신감이 넘치는 이미지로 각인될 것이며 안정감 있는 음성으로 말을 한다면 차분한 이미지로 나타난다. 이런 이미지는 첫인상을 만드는 데 작용을 하고 이 인상이 긍정적일 때 다음 메시지까지 긍정적으로 나타내는 맥락효과를 가져온다. 뿐만 아니라 호감도를 높여 상대로부터 다음 만남의 자리를 만들기도 한다. 또 다른 기회가 될 수 있다는 것이다. 목소리 이미지는 음성의 색과 커뮤니케이션 스타일이 함께 만들어 낸다.

★★★ 3

보이스 이미지 알아보기

1. 보이스의 색(Cool & Warm 법)

목소리를 만드는 것은 호흡, 발성, 발음, 공명이지만 이것만으로 인상이 결정되지는 않는다. 이 외에도 소리의 색을 만들어 내는 요소가 있다. 본 교재에서는 5가지 요소로 정한다. 크기와 힘, 굵기, 부드러움, 톤이다. 크고 힘이 있으면서도 굵고 허스키하고 톤이 낮을수록 시원하고 남성스러운 느낌이 든다. 반면에 크기가 작고 부드러우며 얇고 톤이 높으면 약하면서도 여성스러운 느낌을 만들어 낸다.

cool	아주 가깝다	가깝다	보통	가깝다	아주 가깝다	Warm
낮음						높음
강함						약함
탁함						고움
굵음						가늚
크다						작다

스스로 본인의 목소리에 대한 진단을 해 보자. 위의 표에서 어느 구간에 표시가 분포되어 있는지에 따라 자신의 음성의 느낌을 알 수 있다.

2. 커뮤니케이션 스타일

목소리의 이미지는 5가지 요소 이외에 다른 요소들이 더해지면서 이미지화된다. 음성의 색을 나타내는 요소 이외에 속도, 대화 방법, 표정, 억양들이다. 그리고 이를 커뮤니케이션 스타일이라 말한다. 커뮤니케이션 스타일은 감성 상태와 태도를 효과적으로 전달한다. 기쁨이나 슬픔, 서운함, 반감, 분노 등의 감정을 전달하며 태도나 무의식을 표현하기도 한다. 그래서 커뮤니케이션 스타일은 정서적인 이미지를 대변하는 요소이다.

Cool	아주 가깝다	가깝다	보통	가깝다	아주 가깝다	Warm
주도						경청
직선						곡선
짧음						길다
경직						미소
빠름						느림

Cool
딱딱하다
사무적이다
위엄있다
카리스마
강하다
시원하다
야무지다
자존심이 강하다
날카롭다
어렵다
차분하다
안정적이다

Warm
부드럽다
안정적이다
따뜻하다
정숙하다
친절하다
인자하다
약하다
참하다
선하다
편하다
차분하다

3. kite 4계절 법으로 이미지 알아보기

다음은 카이트(연)포지셔닝(우설리)에 따른 목소리 이미지 구분법이다. 이 포지셔닝은 목소리의 부드러움과 톤, 파워의 요소로 이미지를 구분하는 방법이다.

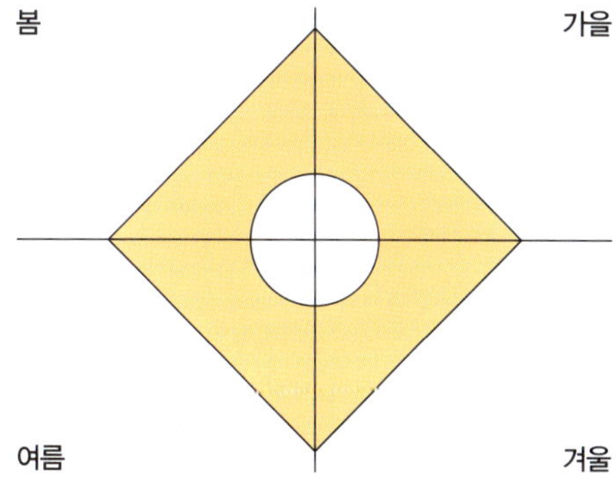

목소리의 힘을 중심으로 소리의 부드러움과 톤에 따른 이미지를 4계절로 분류하고 그 특징을 알아보는 것인데 모양이 연과 같아 카이트kite라 명했다. 그렇다면 나는 어떤 목소리를 가졌을까. 카이트 포지셔닝에 따른 4계절 이미지를 알아보자.

봄 봄에 자리 잡은 목소리의 경우 톤이 높고 목소리가 거친 유형이다. 이 목소리가 여자라면 여성스럽지만 앙칼진 느낌을 줄 수 있다. 하지만 남성이라면 지적인 이미지를 풍긴다.

여름 여름은 톤이 높으면서 소리가 부드럽다. 옥구슬 굴러가는 듯한 또랑또랑한 음성을 말한다. 여름의 여자는 여성스럽고 야무지다. 여름의 남자는 감미롭고 부드럽다.

가을 톤이 낮으면서 소리가 거칠다. 가을의 여자는 분위기가 있고 매니시하다. 가을의 남성은 남성적인 느낌이기 때문에 야성미를 느끼게 한다.

겨울 톤이 낮으면서 소리가 부드럽다. 겨울의 여자는 엘레강스하고 겨울의 남자는 카리스마가 있다. 위엄있다.

4. 사회적 관계에 따른 목소리 이미지 만들기

관계	관계 특성	필요 이미지	목소리 응용
선배 및 상사를 대할 때	낮은 위치	겸손한 자세, 수용, 생동감	생동감 있는 말투와 톤
동료 및 업체 직원을 대할 때	동등한 위치	단호함, 부드러움	따뜻한 말투와 톤
후배 및 부하 직원을 대할 때	높은 위치	책임감, 카리스마	무게감 있는 톤

5. 직업에 따른 목소리 패턴

직업	목소리 특성
마트 판매 직원	똑 부러진 대답, 시원한 해답, 마감 할인을 할 때는 크고 우렁찬 목소리(80 크기의 발성) 직원들이 소리 질러 판매할 때는 평소보다 30%의 매출이 더 발생한다는 연구 결과도 있음
콜센터	상냥하고 높은 톤, 웃음이 배어 나오는 애교 있는 목소리, 유연한 연결 필요
프리젠터	데이터와 중요 내용은 큰 목소리로 속도감 있게, 결론은 단호하고 짧게, 제안은 유연하고 부드럽게 호소함
정치가	절제와 중용, 악센트 활용
교사, 강사	발음의 명료성, 음성의 강약 조절, 믿음을 줄 수 있는 확신에 찬 대답, 질문에 대한 유연성 필요
서비스 직종	곡선 억양의 부드러운 말투, 미소 등 비언어적인 이미지 더 중요
승무원	높은 톤, 목소리는 조용하면서도 친절하게, 미소가 중요, 억양은 상승 조가 많아 밝은 느낌 연출

1
호흡이란

2
호흡연습법

3
발성이란

4
발성 연습 방법

02장

호흡과 발성

1 호흡이란?

호흡의 유형은 크게 복식과 흉식으로 나뉜다. 흉식호흡은 흉곽운동이 호흡의 주체가 되는 것이다. 보통 여성에게서 많이 나타나며 숨을 들이마실 때 외늑간근육이 수축하면서 어깨가 올라가며 가슴이 부푼다. 이어 숨을 내쉴 때는 내늑간근이 수축하면서 가슴이 좁혀지고 어깨도 내려간다. 특히 여성이 임신했을 때의 호흡은 복근의 움직임으로 인해 태아의 성장에 방해가 되지 않도록 전형적인 흉식호흡을 한다.

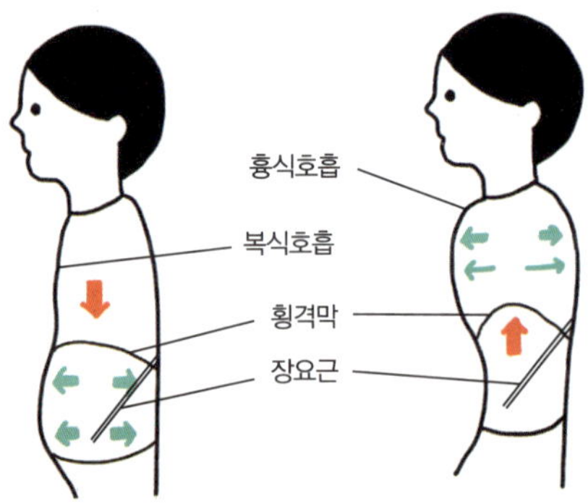

그림 2-1. 복식호흡과 흉식호흡 비교

반면에 복식호흡은 주로 복근과 횡격막 운동으로 일어난다. 들숨 때는 횡격막이 수축해 내려앉고 횡격막 아래 배 부분이 넓어지며 날숨 때에는 복근이 다시 횡격막을 밀어 올리며 배가 들어간다. 따라서 복식호흡은 횡격막호흡이라고도 하며 횡격막의 운동이 호흡의 70%를 차지한다.

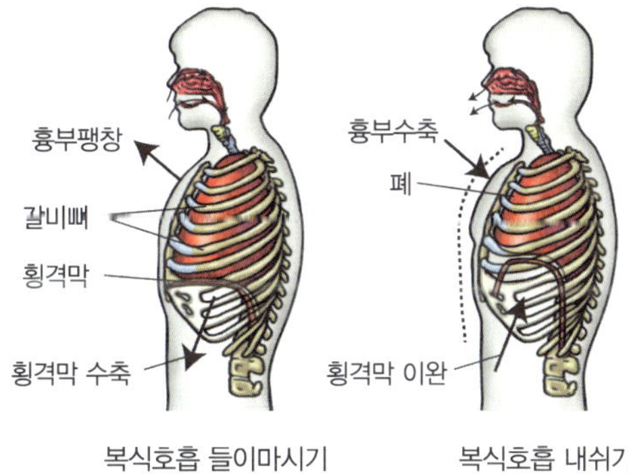

그림 2-2. 복식 호흡

인간은 처음 태어날 때부터 복식호흡을 가지고 태어난다. 갓난아기가 우렁차게 울 때 배가 많이 움직이는 것을 볼 수 있고 오랜 시간을 울어도 울음소리에 변함이 없는 것을 알 수 있다. 하지만 아이가 점차 성인이 되면서 자연스레 복식호흡보다는 흉식호흡을 하게 된다. 이는 복식호흡의 필요성이 줄어들면서 좀 더 편한 흉식호흡으로 바꾸기 때문이다.

흉식호흡과 복식호흡 모두 폐로 호흡하는 것은 같지만 복식호흡을 했을 때 공기가 폐 아래쪽까지 깊숙이 들어가며 더 많은 양의 공기를 마실 수 있고 그래서 안정적인 호흡을 할 수 있는 것이다.

따라서 복근을 잘 활용하여 복식호흡을 하면 호흡이 깊어지고 풍부해지므로 목소리를 내는 동안 에너지와 같은 작용을 한다. 즉 목소리를 풍부하게 만들고 소리를 멀리 낼 수 있도록 도와준다.

2 ★★

호흡 연습법

1. 복식호흡 연습 1

풍선 활용법

복식으로 숨을 들이마신 뒤 풍선을 불어보자. 이때 한 호흡을 최대한 길게 들이마시는 것이 좋다. 폐활량을 늘리고 복식호흡을 익숙하게 만드는 데 도움이 된다. 풍선이 번거롭다면 티슈를 이용해도 좋다. 얼굴 앞 10cm 정도에서 복식호흡 후 티슈를 후~~ 하고 불면 티슈의 움직임을 통해 호흡을 느낄 수 있을 것이다.

그림 2-3. 풍선을 활용한 복식호흡

2. 복식호흡 연습 2

스~~~ 소리 길게 내기

가장 일반적인 복식호흡 연습 방법이다. 의식적으로 호흡을 내뱉는 연습법이다. 5초 동안 숨을 크게 들이마신 뒤 입을 벌려 '스' 소리를 내보자. 주의할 점은 횡격막이 이완되면서 소리를 낼 때 공기가 빠져나오는 것을 느낄 수 있어야 한다. '스' 소리를 낼 때 입 가까이 손을 대고 날숨이 강하게 손바닥까지 전해지는지 느껴보자. 날숨일 때는 배가 수축되면서 척추 쪽으로 들어가는 모습이 눈으로도 보여야 올바른 호흡 연습이 된 것이다.

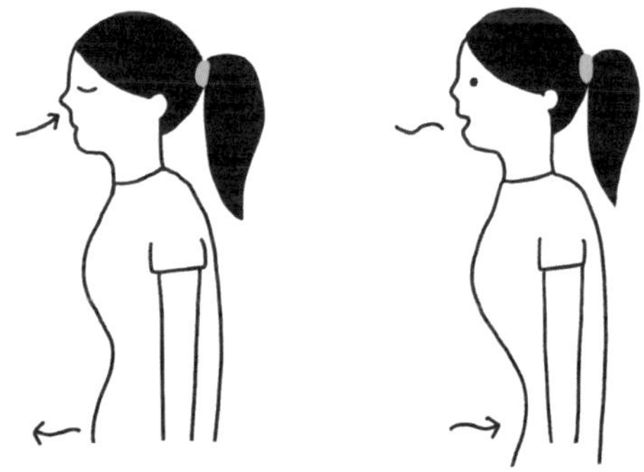

그림 2-4. 복식 호흡법

3. 복식호흡 연습 3

아 ~ 호흡법

한 번에 깊은 호흡을 한 후 아~~~~ 소리를 내면서 5초, 10초, 15초 동안 호흡을 뱉어 보자. 중요한 것은 아~ 하고 소리를 낼 때 적어도 2m 이상 소리가 전달되어야 한다. 입을 적당히 크게 벌리고 '아~~'하고 소리를 내 보자. 보통 가수나 아나운서, 성우, 배우 등 직업적으로 발성이 필요한 사람들은 25초 이상 여유 있는 소리를 낼 수 있다. 호흡이 모자랄 때까지 지속하며 꾸준히 반복해야 점점 호흡이 길어진다.

복식호흡 연습은 다양한 자세로 했을 경우 더 효과적인데 먼저 벽에 기댄 채로 서서 호흡해 보자. 또 바르게 누워서도 연습할 수 있으며 다리를 어깨너비로 벌리고 몸을 기역자로 숙여서도 할 수 있다.

3 ★★★

발성이란

발성이란 호흡을 통해 들숨과 날숨이 이루어질 때 성대를 이용해 나는 소리를 말한다. 따라서 발성은 호흡의 양에 따라서 달라지며 성대의 움직임과 조절로 높낮이도 만들 수 있다. 발성에 관한 연구는 음악교육에서부터 시작되었다. 17세기부터 19세기까지 이탈리아에서 시작된 성악 교육에서 활용하던 벨칸토 발성이 지금까지도 널리 쓰인다.

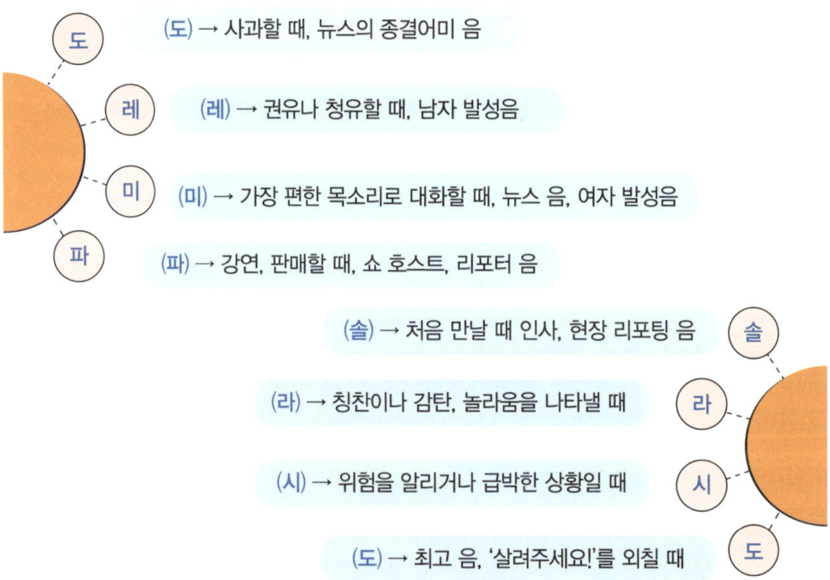

그림 2-5. 복식 호흡법

발성 훈련에서 가장 중요한 것은 얼마나 좋은 목소리를 만들어 내느냐의 문제인데 성대를 너무 조이면 목에 긴장이 되면서 목소리의 톤이 높아지고 생소리가 나오게 된다. 그러면 성대는 쉽게 피곤해져 목소리가 변할 수 있다. 무리하게 목소리를 강하게 내거나 장시간 소리를 지르다 보면 목이 쉬거나 허스키한 소리가 날 수도 있는데 올바른 발성을 익혀서 목소리를 내면 성대의 부담을 줄일 수 있다. 복식호흡에 따른 발성 없이 어깨와 목에 힘을 잔뜩 준 채로 무리하게 성대를 조이게 되면 목소리는 아투(아이 말투)를 만들기 쉽다. 또 듣는 이로 하여금 귀를 지치게 하는 단점도 있다. 지금부터 여러 가지 발성 방법을 익혀 좋은 목소리를 만들어 보자.

낮은 '도' 정도의 음은 보통 '갑'보다는 '을'의 소리이다. 사과할 때나 상대보다 저자세에 있을 때 많이 쓰인다. 뉴스의 종결어미도 '도' 정도의 음으로 내려오는데 발성이 약한 사람들은 내기 어려운 소리이기도 하다. 하지만 울림과 저음이 좋은 남성의 경우에는 발성 연습을 할 때 '도' 정도의 톤으로 소리를 내는 연습을 하게 되면 울림이 더 풍성해지면서 공명을 만드는 데도 도움이 된다.

'레' 정도의 음은 권유나 청유할 때 많이 쓰이는 톤이다. 상대방에게 좀 더 예의 바르게 보이고 싶다면 편안한 목소리 '미'톤보다 '레' 정도의 톤이 더 좋을 것이다. 중저음이 풍부한 남성이 발성 연습을 할 때 '레' 정도의 톤으로 소리를 내면 더 안정적인 복식호흡을 할 수 있으며 전반적으로 호흡이 내려가면서 소리도 듣기 편안해진다.

'미'음은 가장 많이 쓰이는 톤이다. 우리가 일상에서 말하는 대부분의 대화는 '미' 톤이며 성대에 무리가 없이 편하게 낼 수 있는 소리다. 뉴스에서 정형적으로 쓰이는 톤이며 여성들이 발성 연습을 할 때 '미' 톤을 내게 되면 편안하게 발성 연습을 할 수 있다. 다만 여성 중에서도 저음이 약해서 말 끝머리가 잘 들리지 않는다거나 목소리가 작아서 배에 힘을 더 키우고 싶다면 '레' 정도의 톤으로 한음 낮춰서 발성 연습을 하게 되면 더 안정감 있는 목소리를 만들 수 있다.

'파' 음은 다수의 청중이 있는 곳에서 강연이나 강의를 할 때 많이 쓰인다. 톤이 조금 높아지면서 더 밝은 느낌을 줄 수도 있다. 방송 진행 MC들의 오프닝에서 전형적으로 쓰이는 톤이며 쇼핑호스트들이 프레젠테이션을 할 때 가장 많이 쓰이는 톤이다. 하지만 설득을 하는 쇼호스트들은 상품에 따라 톤의 높낮이를 조금씩 달리한다. 보통 고가의 상품일 경우는 톤을 조금 낮춰 신뢰감이 더 들도록 만드는 경우가 많다. 다만 주의할 점은 잘못된 발성으로 '파' 톤을 많이 내게 되면 성대에 조금 무리가 가기도 한다. 복식호흡에 기초한 발성으로 '파' 정도의 음을 내게 되면 안정된 목소리를 낼 수 있다.

'솔' 톤은 인사할 때 가장 많이 쓰인다. 밝은 분위기와 상냥한 느낌의 기분 좋은 톤이다. 보통 현장에서 중계하는 리포터들이 많이 사용하는 톤이며 주의를 집중시킬 수 있는 톤이다. 또 입사 면접에서도 '솔' 정도의 음으로 밝게 인사를 하면 좋은 인상을 남길 수 있다.

한편 '라' 정도의 음은 칭찬이나 극찬을 할 때 많이 쓰이며 개그맨들의 강렬한 연기에서 많이 나온다. 하지만 역시 복식호흡이 전제되지 않으면 성대에 많은 무리가 갈 수 있어서 장시간 '라' 톤의 사용은 주의해야 한다. '시' 정도의 음도 급박한 상황이나 위급함을 알릴 때 내게 되는데 이 음을 이용해 오래 이야기를 하면 듣는 이로 하여금 쉽게 지치고 피곤하게 만들 수 있다. '높은 도' 정도의 음 역시 '살려주세요' 등 긴급한 상황에서 누군가에게 도움을 요청할 때 사용된다. 주의를 집중시킬 수는 있지만, 성대에 무리를 줄 수 있어 장시간 사용하기 어려운 톤이기도 하다. 따라서 '라, 시, 높은 도' 정도의 음이 꼭 필요한 경우라면 최대한 아랫배 깊숙한 곳까지 호흡을 넣은 뒤 발성 연습을 하면 도움이 될 것이다.

★★★★ 4

발성 연습 방법

1. 스타카토 연습법

스타카토 기법은 음을 하나하나 짧게 끊어서 연주하는 연주법이다. 이 기법을 발성 연습에 활용해 보자. 앞에서 복식호흡에 음을 실어 짧고 강하게 내뱉으면 된다. 주의할 점은 소리가 나올 때 배가 들어가야 하며 배의 움직임이 눈으로 보여야 한다. 어깨가 올라가거나 가슴이 앞으로 나오지 않도록 주의해야 한다. 스타카토 연습은 다른 발성법보다 복식의 힘을 길러주는 데 효과적이다.

목소리에 힘이 없거나 소리의 크기가 약한 사람이 꾸준히 연습하면 목소리가 커지고 힘도 강해져 전달력이 좋아진다. 중요한 점은 '레' 정도의 톤으로 낮게 음을 잡자. 높은 톤으로 스타카토 발성 연습을 하게 되면 성대에 무리만 오게 되고 목소리의 변화는 전혀 느낄 수 없다는 것을 명심하자.

아 에 이 오 우

하 헤 히 호 후

하 하 하 하 하

후 후 후 후 후

헤 헤 헤 헤 헤

가 나 다 라 마 바 사 아 자 차 카 타 파 하

갸 냐 댜 랴 먀 뱌 샤 야 쟈 챠 캬 탸 퍄 햐

거 너 더 러 머 버 서 어 저 처 커 터 퍼 허

겨 녀 뎌 려 며 벼 셔 여 져 쳐 켜 텨 펴 혀

고 노 도 로 모 보 소 오 조 초 코 토 포 호

교 뇨 됴 료 묘 뵤 쇼 요 죠 쵸 쿄 툐 표 효

구 누 두 루 무 부 수 우 주 추 쿠 투 푸 후

규 뉴 듀 류 뮤 뷰 슈 유 쥬 츄 큐 튜 퓨 휴

그 느 드 르 므 브 스 으 즈 츠 크 트 프 흐

기 니 디 리 미 비 시 이 지 치 키 티 피 히

2. 단계 발성법

단계 발성은 소리크기에 변화를 주는 연습이다. 소리의 볼륨을 단계별로 키우는 과정에서 목에 힘을 과도하게 주면서 큰 소리를 내서는 안 된다. 복식호흡을 기반으로 연습이 되어야 목소리의 개선을 기대할 수 있다.

- **10음 미만:** 가장 작은 음성 / 속삭일 때의 음성
- **10음~30음:** 대화 음성/ 전화, 1:1 강의 등 가장 편안한 발성의 기본
- **30음~50음:** 회의 음성/ 토의, 토론, 프레젠테이션 등 공식적 자리에서 소수 청중 상대
- **50음~90음:** 강연, 연설, 설교, 선거 유세 등 공식적인 자리에서 다수의 청중 상대
- **100음:** 비명, 고함 소리, 웅변의 클라이맥스

① 10단계 발성

일이면 하나요(10)　이는 둘이요(20)　삼이면 셋이요(30)　사는 넷이요(40)

다섯 하면 다섯이요(50)　여섯 하면 여섯이요(60)　일곱 하면 일곱이요(70)
여덟이면 여덟이요(80)　아홉이면 아홉이요(90)　열이면 열이요(100)

② 3단계 발성

나 자신을 먼저 사랑하세요.(30)
그리고 주위를 둘러보세요.(60)
여러분의 사랑과 관심이 그들의 인생을 바꿀 수 있습니다.(90)

③ 4단계 발성

작은 실천부터 시작해야 합니다.(30)
노력하지 않으면 이룰 수 없습니다.(50)
꿈을 향한 도전과 인내만이 한 걸음 더 전진하게 만듭니다.(75)
여러분의 밝은 미래를 위해 지금 용기를 내야 합니다.(100)

④ 5단계 발성

엄마의 사랑을 필요로 하는 아이들이 있습니다.(25)
배고픔에 허덕이며 오늘도 아이들은 눈물로 하루를 지새웁니다.(50)
그들이 원하는 것은 아주 작은 관심과 사랑입니다.(30)
우리 모두 나섭시다.(60)
여러분의 작은 실천이 아이들에게 큰 희망이 됩니다.(90)

⑤ 젓가락 행진곡 발성

목소리에 관한 고민을 하는 대다수의 사람은 그들이 가지고 있는 목소리 톤에 대한 고민일 경우가 많다. 하지만 누군가의 톤이 멋져 보여 무작정 따라 하면 성대에 무리를 줄 수 있다. 그래서 다양한 톤을 내는 연습을 노래를 부르듯 부담 없이 연습하면 좋다. 또 톤을 다양하게 구사하게 되면 말할 때 표현력도 향상 된다.

젓가락 행진곡

그림 2-6. 젓가락 행진곡 악보

하 하 하 하 하 하 (솔 솔 솔 솔 솔 솔)	호 호 호 호 호 호 (솔 솔 솔 솔 솔 솔)
히 히 히 히 히 히 (시 시 시 시 시 시)	후 후 후 후 후 후 (도 도 도 도 시 라)
헤 헤 헤 헤 헤 헤 (솔 솔 솔 솔 솔 솔)	흐 흐 흐 흐 흐 흐 (솔 솔 솔 솔 솔 솔)
허 허 허 허 허 허 (시 시 시 시 시 시)	하 하 하 하 (도 솔 미 도)

다음과 같은 증상이 나타나면 위의 발성 연습이 잘못된 것이다.

- □ 발성 연습 후 목이 피로하거나 목이 아프다.
- □ 발성 연습 도중 목이 자주 마르다.
- □ 발성 연습 시 어깨와 가슴의 움직임이 눈에 띈다.
- □ 음성에 힘이 없거나 쥐어짜는 듯하다.
- □ 발성 연습을 거듭할수록 점점 목소리가 작아지며 쉰 소리가 난다.
- □ 발성 연습 후 다음 날 목소리가 잠겨 있다.
- □ 발성 연습을 거듭해도 소리의 변화가 없다.

이런 증상이 나타난다는 것은 복식호흡이 제대로 되지 않고 목에 힘이 많이 들어간 경우가 대부분이다. 이럴 때는 연구개를 들어 올리고 혀의 위치를 낮춰 목구멍을 좀 더 열어보자. 보통 '미'음으로 발성 연습을 했다면 '레'나 '도' 정도의 음으로 낮추어서 연습하면 좀 더 안정된 소리를 낼 수 있다. 잘못된 발성은 성대에 무리를 주게 되고 심하면 치료를 해야 하는 상황도 생긴다. 성대는 근육으로 이루어져 있다. 그런데 이런 성대를 많이 사용하게 되면 굳은살이 생겨 성대 결절이 생긴다. 문제는 치료한 이후에도 원래의 목소리를 되찾지 못하는 경우도 생기기 때문에 조심해야 한다. 또 염증성 질환인 후두염이나 물혹이 생기는 성대폴립 등의 질환도 생길 수 있으니 발성 연습은 꼭 정확한 방법으로 하도록 하자.

우리는 자신의 목소리를 외이(外耳)와 몸 안에 있는 내이(內耳)를 통해 듣는다. 즉 자신의 소리를 외부적인 공기의 전달을 통해서도 듣고 자신의 몸 안의 진동들도 같이 느끼면서 소리를 듣는다. 하지만 상대방은 나의 목소리를 외이(外耳)로만 듣는다. 때문에 내가 듣고 느끼는 나의 목소리는 상대방이 듣는 소리와 차이가 있다. 자신의 목소리를 항상 녹음해서 들어보는 습관을 지녀보자. 내가 듣기 좋은 목소리보다는 상대방이 듣기 좋은 소리를 내야 더 호감 가고 신뢰감 드는 목소리를 만들 수 있다.

1 발음의 이해와 의미

2 발음을 위한 준비운동

3 모음 만들기

4 자음 발음과 조음기관의 이해

5 원고로 실습하기

6 주의해야 할 발음

7 Self- monitoring

03장

발음

발음은 호흡과 발성, 공명과 함께 좋은 소리를 만들어 내는 데 중요한 역할을 한다.

더불어 발성 연습이 소리를 멀리 전달하는 역할을 한다면 발음은 메시지를 정확하게 전달하는 데 의미가 있다. 외국의 사례를 보면 일본의 경우 방학 중에는 국영방송을 통해 국어 시간에 발음강좌를 집중적으로 실시할 만큼 표준발음을 중요하게 생각한다.

우리나라에서도 발음 교육의 중요성에 관한 연구 사례는 많다.

허용, 김선정(2006)의 연구에 의하면 원활한 의사소통을 하는 데 꼭 필요하며 언어습득 과정에서 가장 일찍 굳어지기 때문에 시간이 흐를수록 교정하기가 어렵다는 것이다. 최정순(2013)의 연구에서는 굳어진 발음은 지도해도 잘 교정되지 않는다는 경우가 20.91%에 달했다고 한다. 만약 발음이 부자연스럽거나 웅얼거리면 자신감이 없어 보이거나 신뢰감을 떨어뜨리는 원인으로 작용하기도 한다. 무엇보다 한류의 영향으로 한국의 위상이 높아짐에 따라 한국어를 배우는 외국인이 늘면서 정확한 우리나라의 발음을 구사하는 것이 더욱 중요해지고 있다. 정확한 발음을 내기 위해서는 모음의 경우 거울을 보며 입술의 움직임을 잘 살피면서 연습하는 것이 좋다.

자음은 혀의 위치, 즉 조음점을 이해하는 것이 도움이 된다.

1 발음의 이해와 의미

발음은 모음과 자음의 소리값이며 혀, 이, 입술 등을 이용해 말을 이루는 일(서수원, 2010)이다. 발음은 어떤 기관이 독립적인 역할을 하는 것이 아니라 비강, 윗입술, 아랫입술 윗니, 아랫니, 잇몸, 경구개. 연구개, 구개수, 구강, 인강, 후두덮개, 성대 등이 상호관계를 이루며 발생한다.

말소리는 자음과 모음으로 이루어진다. 모음은 홀로 쓰이는 소리기 때문에 홀소리라 불리고 자음은 홀소리에 닿아서 나는 소리라는 의미로 닿소리라 불리기도 한다. 자음은 혀가 조음기관에 닿거나 마찰을 일으키도록 접근을 해서 내는 소리다. 모음은 조음기관의 접촉이나 마찰이 아니라 폐로부터 나오는 공기를 입술의 모양을 타고 자유롭게 통과시켜 내는 소리다. 모음은 모음 요소가 하나 혹은 둘이냐에 따라 단모음과 이중모음으로 나뉜다. 혀의 높이에 따라 고, 중, 저 모음으로 나뉘고 입술의 모양에 따라 원순모음과 평순 모음, 혀의 앞뒤 위치에 따라 전설모음과 후설모음으로 분류하고 있다. 자음은 조음 위치에 따라 양순음, 치조음, 경구개음, 연구개음, 후음으로 나뉘고 조음 방식에 따라 파열음, 마찰음, 유음, 비음으로 나뉜다.

2 ★★
발음을 위한 준비운동

1. 근육 풀기

발음을 연습하기에 앞서 입술과 턱, 혀의 근육을 풀어주는 준비운동을 한다.

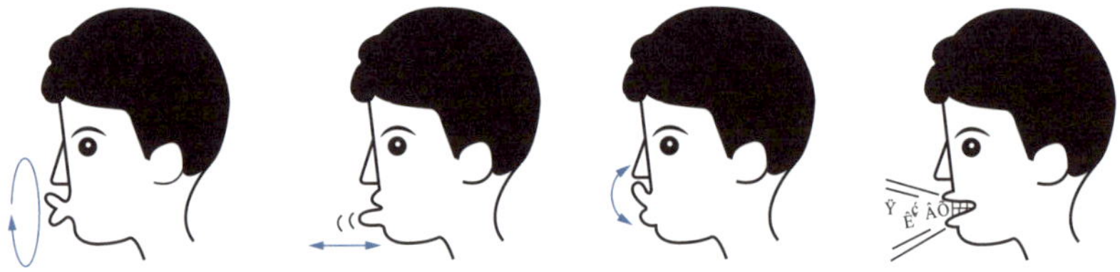

그림 3-1. 입술 운동

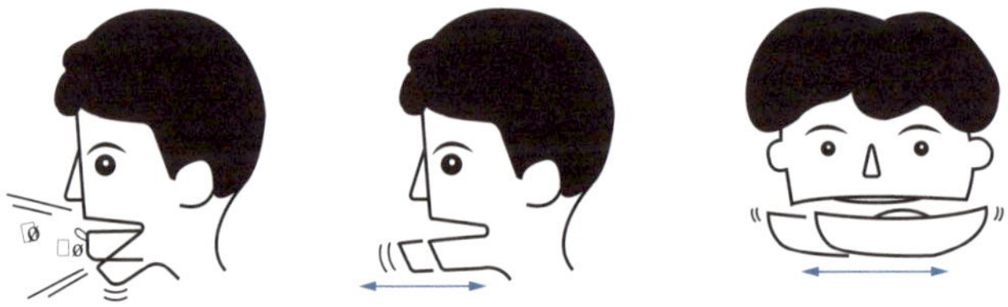

그림 3-2. 턱 운동

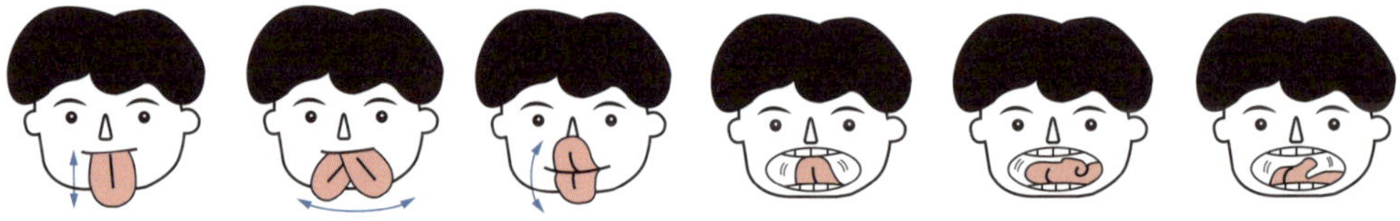

그림 3-3. 혀운동

2. 혀 끝 운동 발음 연습

① 혀 앞부분 연습 문장

(1) 앋따 앋따따 앋따따따 따따따따따따따

(2) 읻띠 읻띠띠 읻띠띠띠 띠띠띠띠띠띠띠

(3) 옫또 옫또또 옫또또또 또또또또또또또

(4) 읃뜨 읃뜨뜨 읃뜨뜨뜨 뜨뜨뜨뜨뜨뜨뜨

② 혀 뒷부분 운동 연습

(1) 악까 악까까 악까까까 까까까까까까까

(2) 엑께 엑께께 엑께께께 께께께께께께께

(3) 옥꼬 옥꼬꼬 옥꼬꼬꼬 꼬꼬꼬꼬꼬꼬꼬

(4) 웃쭈 웃쭈쭈 웃쭈쭈쭈 웃쭈쭈쭈쭈쭈쭈

③ 혀 가운데 연습

(1) 앋짜 앋짜짜 앋짜짜짜 짜짜짜짜짜짜짜

(2) 엗쩨 엗쩨쩨 엗쩨쩨쩨 쩨쩨쩨쩨쩨쩨쩨

(3) 읻찌 읻찌찌 읻찌찌찌 찌찌찌찌찌찌찌

(4) 옫츠 옫츠츠 옫츠츠츠 옫츠츠츠츠츠츠

④ 혀 올리기 연습

(1) 알라 엘라 일라 올라 울라

(2) 랄랄랄랄 렐렐렐렐 릴릴릴릴 룰룰룰룰 롤롤롤롤

(3) 찰랑찰랑 팔랑팔랑 살랑살랑 올망졸망 물렁물렁

(4) 벌렁벌렁 짤랑짤랑 울긋불긋 촐랑촐랑 울렁울렁

3. 단어 반복 게임

어려운 단어의 횟수를 늘려가며 말하는 게임이다. 조를 짜서 해보면 즐겁게 발음 연습이 될 것이다.

장충동족발, 영동용봉탕, 게살샥스핀, 안양양장점, 안흥팥찜빵,

참치꽁치찜, 경찰청창살, 쿵덕더덕덕, 한라산산삼, 청송콩찰떡

합성착향료 돌솥비빔밥 숯불불고기 시설설비과 양념꼼장어

건강검진진료 프로듀서 철수책상철책상 방충망제거 농림수산식품부

수산식물 로얄뉴로얄 한국관광공사 깐콩깍지 말맬말뚝

★★★ 3

모음 만들기

도	후설평순모음이며 저모음으로 혀뿌리 쪽에 힘을 주고 자연스럽게 아래턱을 내려 입을 벌린다. 숨을 내쉬면서 '아–'하고 길게 발음하면 된다. 목구멍을 통해 숨을 내쉬며 벌어진 입을 통해 입김을 불 듯 내뱉어야 한다. 이때 입 모양을 둥글게 해서 숨이 입 안에 고여 있지 않도록 해야 한다.
애	'아' 발음에서 아래턱을 살짝 다물고 혀끝은 아랫니 내측에 넓게 붙여서 '애–'하고 발음한다.
어	'아' 발음보다 윗입술(위턱)을 더 높이 벌리고 아랫입술(아래턱)을 약간 벌린다. 혀끝은 아래 앞니 뒤쪽 안으로 동그랗게 오므려 붙이는 것처럼 하고 힘은 주지 않는다. 원순모음 '오'처럼 입을 앞으로 살짝 내밀지만 혀의 뒷부분이 더 낮게 발음되고 '아'보다는 약간 높은 상태로 발음한다.
에	'이' 발음에서 아래턱을 내려 입을 조금 더 크게 벌린다는 기분으로 '에'하고 발음한다. 혀끝은 아랫니 뒤에 대고, 혀의 양옆 날개 부분은 윗어금니의 안쪽 부분에 살짝 댄다.
오	원순모음으로 위아래의 입술을 동그랗게 모아 내밀어 작은 원 모양을 만든다. 혀는 약간 아래로 내린 상태에서 오–'하고 숨을 내쉬며 발음한다. '우' 모음에 비해 아랫입술에 힘이 더 들어가며 아랫입술을 주름지게 만든다.
외	'외'는 단모음으로 발음하기 때문에 입 모양이 변해서는 안 되는 것을 원칙으로 한다. 발음 요령은 휘파람을 불듯이 입술을 작은 동그라미 형태로 만들어 처음 모양을 변형시키지 말고 [외]하고 발음한다. 현재는 1989년 3월부터 [웨]로 발음할 수 있도록 새 표준어규정에서 '허용'하고 있다. 하지만 '위원회'처럼 이중모음이 연이어 나오는 발음의 경우에는 모음의 개수가 6개가 되므로 이때 '외'와 '위'는 단모음으로 발음하는 것이 쉽다.
우	'오'자보다 입술을 앞으로 약간 더 내밀어 작은 원을 만들고 윗입술로 힘을 모은다. 아랫니와 윗니 사이를 좁게 하고 혀는 양 날개를 중앙으로 약간 오므려서 혀를 아래로 약간 내리고 '우–'하고 발음한다.
위	[위]는 단모음처럼 발음되는 중모음이다. 예를 들어 [쉬]는 연속으로 발음해도 거의 입 모양이 변하지 않지만 '위인'이나 '귀한, 취객' 등에서는 [우]+[이]가 어느 정도 느껴져야 바른 발음이 되는 것을 볼 수 있다. 표준어규정에서도 단모음 취급에 중모음 발음을 허용한다. 따라서 [위]를 발음하여 입 모양이 한 가지로 유지되면 '단모음'이고, 입 모양이 처음과 달라지면 '중모음'이 된다.
으	후설 평순 모음이면서 고모음인 'ㅡ'는 입을 생긴 대로 평평하게 약간 간격만 띄워 벌리고 그 간격만큼 이도 벌린다. 혀는 편안하게 앞니 안쪽으로 뻗어 살짝 닿게 하고 숨을 내쉬며 '으–'하고 발음한다.
이	'으'자 발음처럼 입술과 이를 벌린다. 다만 양옆으로 더 잡아당겨 발음한다. 혀끝은 아랫니 내측에 붙이고 '이–'하고 발음한다.

4 ★★★★

자음 발음과 조음기관의 이해

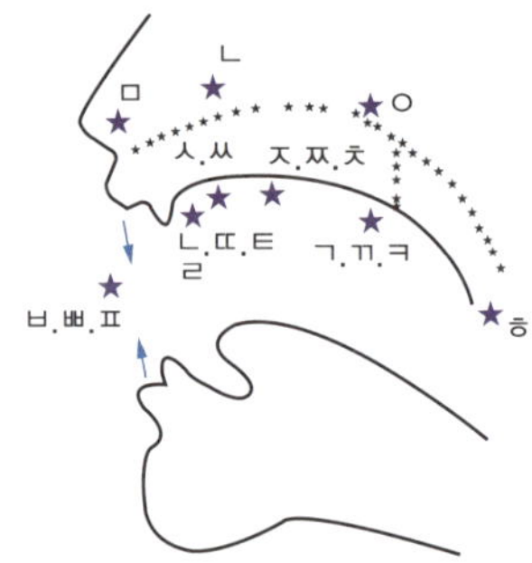

그림 3-4. 조음기관

자음 발음은 주로 혀가 스치거나 머물면서 발음을 만들어내는 조음점을 이해하면 더 쉽게 발음을 익힐 수 있다.

① 입술이 붙었다 떨어지면서 나는 입술소리

ㅂ ㅃ ㅍ ㅁ (양순비음)

② 윗니 안쪽에 혀끝이 닿거나 가까워지면서 나는 치조음

ㄸ ㅌ ㄴ ㄹ ㅅ ㅆ

③ 입천장(경구개)에서 나는 경구개음

ㅈ ㅉ ㅊ

④ 입천장 (연구개)에서 만들어지는 연구개음

ㄱ ㄲ ㅋ ㅇ

⑤ 목젖에서 나는 소리 후음

– ㅎ

★★★★★ 5

원고로 실습하기

1. 1단계 음절 읽기

먼저 원고를 읽을 때, 음절마다 발성과 발음을 적용한다.

> 에 볼 라 가 창 궐 한 서 아 프 리 카 의 기 니 와 라 이 베 리 아 하 고 국 경 을 맞 대 고 있 는 코 트 디 부 아 르 정 부 는 에 볼 라 발 병 국 에 서 출 발 한 승 객 을 실 은 모 든 항 공 기 의 입 국 을 금 지 한 다 고 밝 혔 습 니 다.

이때 주의할 점은 모든 단어가 같은 음색으로 나올 수 있도록 해야 한다. 입안을 둥글게 만든 후 혀의 놀림을 적극적으로 해가며 조금 과장해서 발음해 본다.

2. 2단계 단어 읽기

2단계는 단어를 두 번씩 반복해 읽는다. 이때 전체적인 흐름을 생각하지 말고 정확한 발음을 내는 것에 신경을 쓴다.

> 에볼라가(에볼라가) 창궐한(창궐한) 서아프리카의(서아프리카의) 기니와 (기니와) 라이베리아하고(라이베리아하고) 국경을(국경을) 맞대고(맞대고) 있는(있는) 코트디부아르(코트디부아르) 정부는(정부는) 에볼라(에볼라) 발병국에서(발병국에서) 출발한(출발한) 승객을(승객을) 실은(실은) 모든 (모든) 항공기의(항공기의) 입국을(입국을) 금지한다고(금지한다고) 밝혔습니다. (밝혔습니다)

3. 3단계 끊어 읽기

끊어 읽기 단위로 연습한다. 음절과 단어연습을 통해 정확한 발음을 연습한 뒤 이어서 읽으면 그 전보다는 훨씬 수월하게 발음할 수 있으며 조금씩 개선됨을 느낄 수 있다.

> 에볼라가 창궐한 서아프리카의 기니와 / 라이베리아하고 국경을 맞대고 있는 코트디부아르 정부는 / 에볼라 발병국에서 출발한 승객을 실은 / 모든 항공기의 입국을 금지한다고 밝혔습니다.

★★★★★★ 6

주의해야 할 발음

1. 헷갈리는 '의' 발음은 이렇게

① 단어의 맨 앞에 오는 ㅢ 는 제 음가를 그대로 살려 준다.

의사, 의의, 의미, 의도 등

↖ 하지만 초성이 자음이 오는 경우는 [ㅣ]로 발음한다. 예 늴리리

② 단어의 첫 음절 이외에 오는 경우는 [ㅣ]로 발음한다.

강의[강이] 주의 [주이] 민의 [민이] 회의[회이]

③ 조사로 쓰일 때는 [ㅔ]로 발음한다.

사람의[사람에] 민주주의의 [민주주이에] 나의[나에]

2. 헷갈리는 '의' 발음은 이렇게

받침 발음을 패션으로 비유하면 구두와 마찬가지다. 좋은 옷을 입고 화장도 예쁘게 잘했는데 구두가 더럽다면 진정한 패셔니스트가 아니다. 패션의 마무리가 구두라고 가정하면 발음의 마무리는 받침 발음이고 문장의 마무리는 어미의 억양이라고 할 수 있다. 받침까지 잘 구사한다면 좀

더 똑 부러지는 느낌을 줄 수 있다. 받침으로 사용되는 단어는 ㄱ ㄴ ㄷ ㄹ ㅁ ㅂ ㅇ 이렇게 총 7개며, 특히 주의해서 연습해야 할 받침 발음을 알아보자.

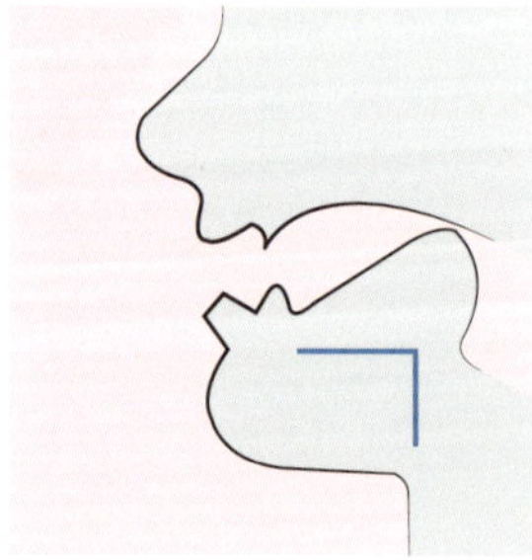

그림 3-5 ㄱ의 발음

① 'ㄱ' 의 발음

혀뿌리로 연구개를 막았다가 터트리며 나오는 소리다. 하지만 종성으로 오는 받침 발음의 경우는 마지막에 연구개를 막으면서 완성되는 소리다.

예 억, 척, 각, 속

'ㄱ' 발음이 분명하지 않다면 혀뿌리를 의식해서 연구개를 막는 연습을 해야 한다. 막았다가 터트리며 나오는 첫 글자 'ㄱ'을 연습해보자.

예 가시, 고구마, 갑니다.

이번에는 연구개를 막으며 마무리하는 받침 'ㄱ'을 연습해보자.

예 각시, 곡식, 각별히

그리고 가끔 'ㄱ' 받침을 'ㄷ'으로 잘못 발음하는 경우도 생기는데 주의하자.

예 각별히 → 갇별히 각자 → 갇자

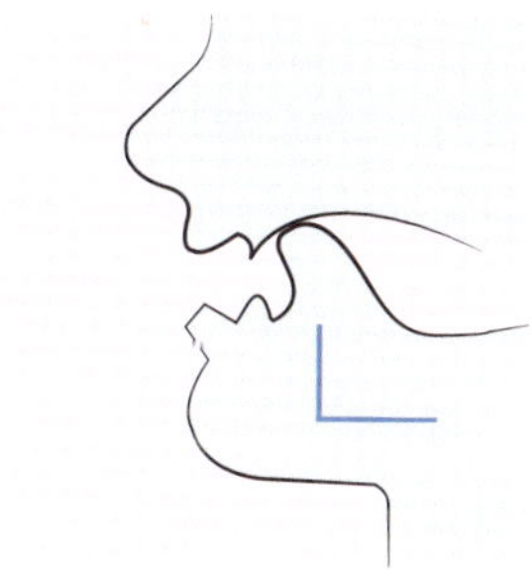

그림 3-6 ㄴ의 발음

② 'ㄴ' 받침

'ㄴ'은 초성과 받침으로 사용할 때 혀가 모두 같은 위치에 있다.

혀를 윗니 뒤쪽에 정확히 대주어야 한다. 'ㄴ' 역시 똑 부러진 발음을 하는 데 중요한 역할을 한다. 다음과 같은 단어에서 특히 실수하기 쉽다.

예 관광청 → 광광청, 담임 → 단임 , 항만청 → 항망청

③ 'ㄹ'

'ㄹ' 때문에 고민하는 사람이 의외로 많다. 혀를 많이 굴려야 하는 발음이기 때문에 혀 굴리기가 잘 안 되는 경우 첫 글자 'ㄹ'이 잘 안 된다. 중국어를 너무 열심히 해서 'ㄹ'이 너무 굴려지는 경우는 받침 'ㄹ'의 혀 위치가 잘못 자리 잡는 경우가 있다.

- 첫소리에 'ㄹ'이 올 때: 라디오, 라면, 로또
- 받침에 'ㄹ'이 올 때: 경구개(입천장에서 앞부분 볼록 튀어나오고 단단한 부분)에 닿게 하면 된다.

3. 'ㅔ'와 'ㅐ'

모음의 'ㅔ'와 'ㅐ' 발음은 차이를 이해하고 발음하는 경우가 흔치 않기 때문에 듣고 구분하기가 어렵다. 성인이 되어서는 단어의 뜻으로 이해를 하지만 어린아이의 경우는 구분하지 못한다.

'에'는 '이' 보다 입을 좀 더 벌린다. 혀의 앞부분을 반 정도 올리고 입술을 옆으로 편 상태에서 발음한다. '지게'라는 단어를 발음하면서 혀와 입술의 위치가 어떻게 달라지는지 거울을 보며 느껴 보자.

예 세수, 제주도, 게살, 셋, 지게

'애'는 '에'보다 입을 좀 더 벌린다. 혀를 아래턱에 내려 붙이고 혀의 앞부분을 조금만 높인다. '아'자 발음에서 아래턱을 살짝 다물고 혀끝은 아랫니 내측에 넓게 붙여서 '애-'하고 발음한다.

예 제법 재미있는 이야기네요.
개미는 부지런하고 여치는 게으르지 않나요?
게살이 들어간 음식이 상해서 개를 줬습니다.
식사 후 밥값을 네 사람이 냈습니다.
지게가 제일 무거워서 힘센 재일이가 지고 갑니다.

4. 끝을 강하게 발음하는 어두경음화 주의

단어의 첫머리를 세게 발음하는 현상은 흔히 볼 수 있는데 주의하자.

예시 단어	잘못 발음 (어두경음화 현상)	교정 발음
가시	까시	[가시]
닦다	따까	[다까]
거꾸로	거꾸로	[거꾸로]

5. 음의 첨가 혹은 탈락 주의

주로'ㄹ'이 들어간 단어에서 쉽게 일어난다.

예시 단어	잘못 발음 (첨가 혹은 탈락)	교정 발음
자르다	[잘르다]	[자르다]
가려고	[갈려고]	[가려고]
날아간다	[날라간다]	[나라간다]
흐르다	[흘른다]	[흐르다]

예시 단어	잘못 발음 (첨가 혹은 탈락)	교정 발음
부르자	[불르자]	[부르자]
볼까	[보까]	[볼까]
올게	[오께]	[올게]
갈게	[가께]	[갈게]

7 Self-monitoring

연습할 원고를 준비한 다음 자기 모습을 카메라에 담아보자. 셀프 모니터링을 통해 자신의 입 모양과 자세, 표정, 발음, 목소리 등을 점검해보자.

모니터링 내용

1
공명이란

2
공명 기관의 이해

3
공명의 활용과 연습방법

04장

1 공명이란

성대를 진동시켜서 울리는 것을 공명이라고 한다. 공명은 호흡으로 들어온 공기가 압력을 받으며 성대를 통과하게 되고 이때 몸속에 빈 공간을 통해 진동하며 울리는 것을 말한다. 울림을 만들어 내는 기관을 공명 기관이라고 하는데 인두, 구강, 비강을 말한다. 이런 공명 기관은 사람이 태어나면서부터 갖는 소리의 울림통이라고도 하며 특히 성악을 하는 사람들에게는 아주 중요하다. 성대로부터 만들어진 소리가 공명강을 통과할 때 그 크기도 커지며 더 안정적이고 풍성해지기 때문이다.

우리가 흔히 좋은 목소리를 가진 사람들을 떠 올리면 그들의 목소리는 중저음에서 풍성하게 울리는 소리를 가졌다는 것을 알고 있다. 연기자 한석규, 김명민, 유선, 아나운서 김주하, 박혜진, 그리고 개그맨 유재석 등 부드럽고 달콤한 음색으로 신뢰감 있고 호감 있는 이미지를 보여준다. 이들의 목소리가 더 멋지게 들리는 이유는 발로 그들의 목소리가 가지고 있는 공명, 바로 울림 때문이다.

목소리가 발생하는 원리에 관한 연구는 의학적으로 우리 신체에 대한 구조의 이해와 함께 더 발전하게 되었다. 1741년 프랑스의 내과 의사 페라인에 의해 목소리의 메커니즘에 대한 과학적인 접근이 시도되었다. 이후 가르시아가 후두경을 발명하며 발성 기관에 관한 연구도 박차를 가하게 되었다. 목소리가 발생하는 원리에 대한 이론들은 다양하지만 공통적인 내용은 공기의 압력에 의해 목소리가 발생한다는 것이다.

폐에 저장된 공기가 배출될 수 있는 유일한 통로는 바로 성대다. 들숨으로 폐에 저장된 호흡은 밀폐 공간에서 높을 압력을 받게 되고 성대라는 작은 틈을 통해 배출된다.

성대는 압력에 의해 열리게 되고 들숨과 날숨에 의한 근육들의 움직임에 의해 닫히고 열리기를 반복한다. 이렇게 만들어지는 목소리는 구강과 후두 인두의 공명 구조를 거치면서 목소리를 만든다.

성대를 비롯한 후두의 발성 근육들은 공기의 압력에 영향을 받으며 지속적인 호흡을 하게 되는데 이때 성대의 진동 폭을 조절하는 작용과 함께 목소리의 음높이를 만드는 진동수를 발생시킨다. 목소리의 톤이 높아질수록 성대는 길게 늘어나면서 굵기는 가늘어지고 진동수는 증가한다. 반대로 목소리의 톤이 낮아질수록 성대는 짧아지면서 굵어지고 진동수는 줄어진다. 따라서 남성보다는 여성의 성대가 더 많이 진동하고 높은 톤을 가지고 있는 사람일수록 성대의 운동이 많으므로 쉽게 목소리가 상하거나 성대의 피로를 호소한다. 또한 목소리의 크기가 커질수록 진동의 폭은 넓어지고 반대로 소리가 작을수록 진동의 폭이 좁아지면서 성대의 부담은 줄어든다.

2 ★★
공명기관의 이해

1. 인두강

인두 안에 위치한 인두강은 코 뒷부분에서 성대의 윗부분으로 이어지는 긴 튜브처럼 생긴 공간을 말한다. 목소리의 차이를 결정하는 데 중요한 영향을 미치며 후두개로부터 연구개까지 넓은 공간으로 형성되어 있다. 인두의 윗부분은 코로 연결되어 있고 중간 부분은 입 쪽으로 그리고 아래쪽은 성대 쪽으로 연결되어 있는데 인두강의 움직임에 따라 음색을 조절할 수 있고 공명을 통해 목소리를 변화시킬 수 있다.

2. 비강과 부비강

비강은 연구개의 위쪽과 두개골 사이의 공간이다. 연구개와 연결된 근육이 움직이며 비강의 통로가 열리고 닫히게 되는데 다른 공명강에 비해 음색에 많은 영향을 미친다. 인두강의 공명을 적게 하고 비강의 공명으로 소리가 치우쳐지면 우리가 흔히 말하는 콧소리가 난다. 따라서 안면 전체를 활용하여 공명을 얻는 것이 바람직하다.

3.구강

구강에서 공명을 만들어 내기 위해서는 혀와 입술 그리고 턱의 움직임이 함께 조화를 이루어야 한다. 혀가 굳어있거나 입술이나 입꼬리에 너무 힘이 들어가게 되면 그 주위의 근육들이 긴장하고 굳어지면서 편안한 소리를 만들 수 없다. 또한 구강은 공명뿐 아니라 조음기관에도 속하기 때문에 모음과 자음을 더 명확하게 발음할 수 있도록 해 준다. 구강의 공명을 활용하기 위해서는 최대한 입안의 공간을 넓혀주는 것이 좋다.

4.후두강

우리가 흔히 목감기에 걸려 목이 따갑고 아파 병원을 찾으면 후두염이라는 이야기를 들을 때가 있다. 목젖 아래부터 기관지 위까지를 후두라고 하는데 후두강의 중부에서 실 주름과 성대 주름 사이에 끼어 바깥쪽으로 돌출한 좁은 강을 몰가니씨강(후두실)이라고 한다. 일부 발성학자들은 좋은 소리를 내려면 후두를 내리라고 한다. 우리 신체의 구조를 봤을 때 후두를 올리면 몰가니씨강이 압박을 받으며 공명을 만들 수 있는 공간이 좁아진다. 이렇게 되면 폐로 들어온 공기가 날숨에 의해 몸 밖으로 나갈 때 처음 만나는 공명 기관인 후두에서 울림을 만들기 어려워진다.

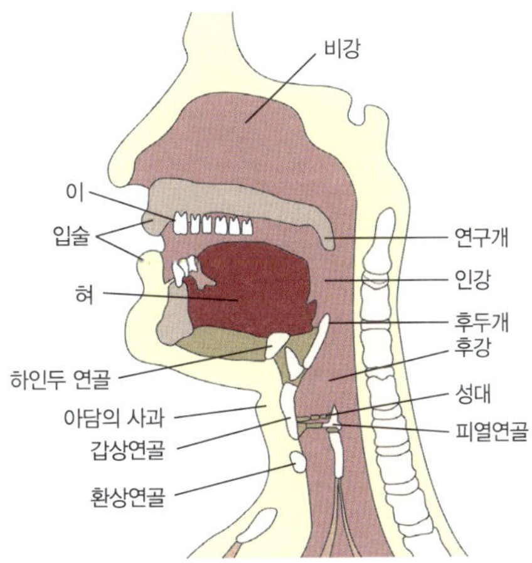

그림 4-1 후두강

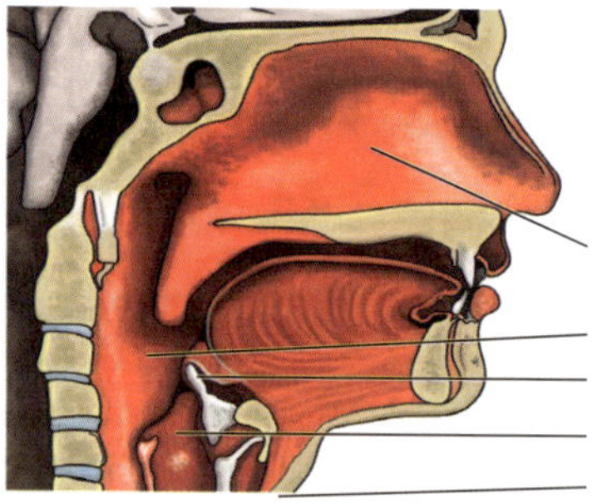

그림 4-2. 후두의 위치

반대로 후두를 너무 내리게 되면 목 부근 근육이 압박을 많이 받아 눌리는 소리가 나고 울림을 만들기도 어렵다. 우리는 하품을 할 때 후두와 혀를 자연스럽게 내리게 된다. 그러면서 전형적인 복식호흡을 하게 되는데 하품을 하듯이 호흡을 하고 자연스럽게 소리를 내 보자. 즉 목젖을 살짝 아래로 내리며 턱이나 입 모양이 불편하지 않게 자연스러운 느낌으로 과하게 힘이 들어가지 않을 정도로 '음~~' 소리를 내면서 후두를 내리면 좋은 공명을 만들 수 있다.

★★★ 3 공명의 활용과 연습방법

1. 공명의 활용

직업적으로 목소리를 많이 사용하는 경우 발성을 통해 공명을 연구하고 터득하게 되지만 성악교육에서 공명법은 반드시 거쳐야 하는 필수적인 것으로 발성의 기본이다. 혹시 '마스께라로 노래하라'라는 말을 들어본 적이 있는가? 일반인들에게는 생소하게 들리지는 몰라도 노래를 부르는 것이 직업인 가수나 성악가들은 이것을 깨치기 위해 수없이 많은 연습을 한다. 벨칸토 발성의 기본으로 발성 학자들 사이에서도 많이 회자되는 '마스께라Maschera'는 이탈리아 말로 가면, 얼굴이라는 뜻으로 특히 눈과 코 주변을 뜻한다. 즉 '마스크를 쓴 것 같이' 또는 '얼굴 앞부분에서' 노래하라는 뜻으로 비강 공명을 많이 쓰면서 노래를 하라는 말로 해석된다. 이렇게 노래를 부르게 되면 입을 벌리고 소리를 낼 때 경구개와 위 치아 앞부분에서 소리의 닿는 느낌이나 진동감을 느낄 수 있고 이것이 바로 얼굴에서 만드는 공명 '마스께라'이다.

성악교육에서 '마스께라로 노래하라!'고 했던 이유는 바로 공명 때문이다. 공명을 만드는 곳은 대부분 얼굴 앞쪽이며 경구개는 공명이 잘 이루어질 수 있는 공간으로 소리를 잘 울리게 해 주는 진동판의 역할을 하기 때문이다. 따라서 얼굴 전체를 이용해 공명강을 만들고 부비동과 비강을 잘 조화시켜 소리의 울림을 만들면 훌륭한 공명음을 낼 수 있다.

한편 공명이 좋은 가수들의 노래 부르는 모습을 살펴보면 입꼬리가 살짝 올라가며 코 바깥쪽과 눈 아래쪽의 공간을 열어준 듯한 느낌을 받는다. 가수 박정현, 이은미, 김범수처럼 고음을 낼 때뿐만 아니라 노래의 도입부에서 저음을 낼 때도 웃고 있는 듯한 모습으로 열창하는 모습을 종종

보게 된다. 이것을 '구강미소'라고 하는데 입꼬리를 살짝 올리며 웃는 듯한 표정으로 비강과 구강에 공명강(공명을 만들 수 있는 공간)을 만들어 소리를 울려서 내는 것이다. 공명에 대해 자신이 없거나 어떤 발성을 통해 공명이 있는 목소리를 만들어야 하는지 이해가 잘 되지 않는다면 성악 교육에서 시작된 '마스께라'와 '구강미소' 방법을 통해 소리의 울림을 느껴 보자.

2. 공명 연습법

허밍으로 공명강 만들기

먼저 턱 아래 손을 대고 후두를 아래로 내린다는 느낌으로 목젖을 살짝 자연스럽게 내린다. 이중 턱이 생기는 것처럼 턱 아랫부분이 살짝 내려오는 것을 느낄 수 있다. 그리고 입꼬리를 살짝 올리며 얼굴 전체와 후두에 울림통을 만든다는 느낌으로 '음~~~~~~'하고 소리를 내 보자. 노래를 부르듯이 허밍을 하게 되면 소리의 떨림과 울림이 손끝으로 전해질 것이다.

"음~~~~~~~~~아"

"음~~~~~~~~~~~~~~~하"

"음~~~~~~~ 안녕하세요? 000입니다!"

"음~~~~~~~ 만나서 반갑습니다!"

"음~~~~~~~ 행복하세요!"

공명음 연습문

두 둥 실 둥 둥 둥 두 둥 실 덩 덩 덩 두 둥 실 딩 딩 딩
낭 낭 낭 남 남 남 믐 믐 믐 맘 맘 맘 봄 봄 봄 밤 밤 밤
안 이 랑 랑 이 랑 능 이 랑 강 이 랑 산 이 랑 항 이 랑

마스께라로 노래하기

성우나 연기를 전공하는 분들이 주로 연습하는 발성법으로 한음으로 일관되게 노래를 부르듯이 턱을 살짝 내리고 한음으로 일관되게 낭독해 보자. 정확한 발음 연습에도 도움이 되고 공명음을 만드는 데도 효과적이다. '미' 톤으로 낭독하는 것이 가장 편하며 한 호흡으로 최대한 길게 소리를 내뱉어 보자.

연습문

싸크히피 텔르멍

옹 벙드레지엔

딴따스 꼬싸스 께 꼰따르떼

무씨까 네나 다꼰떼

끄룽텝 마하나콘

아유타야 마하딜록

드비에 오농드라 빠흐티

엉 뻬이 쥬 쒸 비엔이씨

과다도 빠라 띠

떼니아 딴또 께 다르떼

아몬삐만 아와딴사티

싸카타띠띠아 위쓰누감쁘라스

목소리 Q&A

Q. 말을 하는 데 자꾸 웅얼거린다는 지적을 받는다면?

원인과 방법

A. 조음기관을 제대로 이해해야

이와 같은 고민을 하는 사람이 의외로 많습니다. '내가 아나운서도 아닌데 발음을 정확히 해야 할 필요가 있을까?'라고 생각하는 경우가 있는데요. 하지만 발음이 너무 뭉개져도 소통하는 데 문제가 있습니다. 더군다나 프레젠테이션을 통해 사업의 매출을 좌지우지하는 업무와 관련이 깊다면 더더욱 고쳐야 한다고 봅니다. 이런 경우는 보통 발성보다는 발음에 원인이 있는 경우가 대부분입니다. 만약 웅얼거리는 원인이 발성에 있다면 소리를 밖으로 빼주는 연습을 해야 합니다. 목 안쪽 힘을 주어 말하지 않고 혀 끝에서 소리를 만든다는 생각으로 발음해 봅시다. 뱉어내는 발성을 참고해서 발성 연습을 다시 해주고 발음에 문제가 있는 경우라면 정확하게 또박또박 발음하는 것이 중요합니다. 무엇보다도 음가를 제대로 내려면 혀의 위치가 중요하겠죠? 특히 혀 앞쪽에서 만들어지는 전설 모음, 입천장이나 치아 끝부분에서 조음 되는 소리(ㅅ, ㄷ, ㄹ, ㄴ)가 명확하게 들리지 않기 때문에 생길 수도 있으니 이런 발음들을 신경 써서 연습하시면 됩니다.

Q. 두터운 입술 때문에 발음하는 데 지장이 있어요.

원인과 방법

A. 입술소리 연습 필요

입술이 두텁다는 것은 외적으로 매력적일 수 있습니다. 그러나 간혹 발음에 문제가 될 때도 있습니다. 입술이 두터운 사람들은 입술을 열고 닫는 속도가 느린 경우가 있고 제대로 입술을 부딪쳐 주지 않아서 발음이 설렁설렁 되는 경우가 있죠. 'ㅁ', 'ㅂ', 'ㅍ'이 들어간 단어는 제대로 입술을 다물었다 떼면서 발음해주어야 합니다.

예 '엄마', '바보', '바람', '푸른' 등 간단한 단어로 연습해보세요.

Q. 콧소리 때문에 맹맹거리는 소리가 나요.

원인과 방법

A. 무성자음으로 연습해보세요.

콧소리는 고치기가 쉽지 않습니다. 잘못된 습관 때문일 수도 있고 선천적으로 비강 쪽이 부어 있거나 비염이 있을 때는 콧소리가 나올 수 있기 있습니다. 목소리는 목에서 입안을 지나 밖으로 빠져나와야 하는데 호흡을 하고 소리를 뱉어내는 과정에서 코까지 소리가 들어가는 경우에 해당합니다. 혀의 위치가 높아 목을 막고 있어서 소리의 일부분이 코로 새 들어갈 수 있는 거죠. 이런 소리는 무성음. 즉 'ㅅ', 'ㅈ', 'ㄷ' 등 무성 자음도 유성 자음화 되어서 맹맹거리는 음으로 처리가 되기 때문에 발음이 부정확해집니다. 또 '습니다'의 경우, '습니당'으로 발음돼 신뢰도나 카리스마를 저하시키는 원인이 되기도 합니다. 무성 자음으로 만들어진 단어로 연습을 하면 좋습니다. 코를 손으로 잡고 말을 해보세요. 손으로 코를 막을 때나 그렇지 않을 때 모두 동일한 소리가 나기 때문에 코를 막을 때 콧소리가 나면 습관이 잘못된 것이라고 생각하면 됩니다. 또 혀를 아래로 내려서 목에서 나오는 소리가 모두 입 밖으로 잘 빠져나올 수 있도록 연습을 해보시기 바랍니다.

예 사자, 가족, 복합적, 피부

Q. 먹먹한 소리 때문에 답답해요.

원인과 방법

A. 호흡부터 다시 점검해야

흔히 비염이 있는 경우와 소리 내는 방법에 문제가 있을 때 이런 현상이 일어납니다. 아래 설명을 들으시고 개선이 안 된다면 건강을 위해서라도 전문의와 상담해 보는 것도 좋습니다. 입을 너무 크게 벌리고 발음하거나 콧소리를 내면 안 된다는 강박관념에 의해 울림소리조차 제대로 울리지 않고 숨을 멈춰서 읽는 듯 소리를 내려고 할 때 실수할 수 있지요. 2보 전진을 위한 일보 후퇴가 필요합니다. 발성에 대한 부담 때문에 생긴 부작용인 경우가 있기 때문인데요. 이럴 때는 발성에 대한 부담감을 내려놓고 처음으로 돌아가 자신의 원래 목소리로 음가를 살려 발음해 보세요. 그리고 유성음(ㅁ, ㄴ, ㅇ) 이 들어간 단어가 제대로 울리는지 확인해보세요.

예 갓난아기, 활동성, 감사, 관객, 호응

Q. 애처럼 말한대요!

원인과 방법

A. 혀와 입천장의 간격이 관건

아성은 어린 말투를 동반합니다. 또 발성이 잘 되려면 목구멍이 편하게 열려 있는 상태가 되어야 하고 소리는 굵고 낮은 게 보통입니다. 또 입안의 공간도 넉넉히 확보되어야 하는데요 아성이 나는 경우는 톤이 높고, 혀와 입천장 사이의 공간이 납작해서 모음 발음 시 입이 과도하게 옆으로 벌어지게 되면서 얇고 어린 느낌의 소리가 나기 쉽습니다. 특히 조사나 어미에서 이런 실수를 많이 하게 됩니다. 아성이 있으면 유치원 선생님이나 아나운서의 경우는 어린이 프로그램에서 MC로 활약할 수도 있지만 상담을 하거나 성인을 대상으로 강의를 하기에는 부적합한 목소리가 될 수 있습니다.

모든 단어를 복식음으로 내주는 연습이 필요합니다. 원고의 글자 하나하나를 발성 연습하듯 스타카토로 연습하는 것이 도움이 됩니다. 그러면서 얇게 소리가 나면 다시 굵고 힘 있게 빼줍니다. 입술이나 아래턱으로 누르며 말해도 소리가 얇게 나기 때문에 턱과 입술 모양도 바로잡아야 하는데요. '은, 는, 이, 가, 에, 우, 오' 등의 모음으로 조합된 단어를 발음할 때 입안을 둥글고 크게 만들어봅시다. 소리가 훨씬 깊게 나면서 얇은 느낌이 사라질 것입니다. '아에이오우 발성법'을 참고하기 바랍니다. 중요한 것은 일상생활 속 대화에서도 실천되어야 합니다. 남자 친구에게, 엄마에게 혹은 친구에게 말하듯 어린 투로 말하는 습관이 있는 사람이라면 잠시 애교쟁이에서 벗어나 보십시오.

Q. 먹는 소리가 뭔가요?

원인과 방법

A. 입 앞으로 소리를 끌어 와야

사랑은 표현해야 맛이고 소리는 뱉어야 맛이지요. 하지만 좋지 않은 습관으로 인해 소리가 빠져나오지 못하고 먹어 들어가거나 머금으며 발성을 하는 경우가 종종 있습니다. 이런 소리는 듣기에 너무 답답하고 힘을 주어도 시원한 음성이 나오지 않기 때문에 고쳐야 하는 잘못된 발성 사례 중 하납니다. 이런 현상은 턱을 위아래로 너무 벌리고 입을 과하게 열어 아~ 하고 발음할 때 소리가 나가는 통로를 감싸 버리는 경우가 생길 수 있는데요. 즉 소리들이 입안에서 머무르기만 할 뿐 밖으로 빠져나가지 못하는 것이지요. 또 한 예로 혀끝으로만 말을 하는 경우가 있어요. 혀 끝에 힘을 주고 모든 발음을 하다 보면 혀끝이 경구개와 가까워지고 혀가 두꺼워져서 혀뿌리 쪽이 목구멍을 막아 소리가 나오지 못합니다.

턱을 적당히 벌리고 '아에이오우' 발성법에 따라 알맞은 입 속 공간과 입모양을 만들어 연습한 다음 내뱉는 호흡법으로 연습하면 좋습니다. 공기를 밖으로 뱉어내는 웃음 발성이나 뱉어내기 발성으로 해보는 것이 좋습니다. 혀의 문제라면 혀 풀기 운동을 해야 합니다.

Q. 어떻게 하면 힘 있는 목소리를 가질 수 있을까요?

원인과 방법

A. 발성 상태를 수시로 확인해야

공명 기관을 울리는 것이 아니라 목에서 가볍게 나는 소리를 가성이라고 합니다. 이 가성의 특징은 소리가 높고 가벼우며 힘이 없죠. 가성은 말을 할 때 특정 단어를 날리게 만들거나 무게감을 떨어뜨리는 원인이 되기 때문에 진성으로 바꿔야 합니다. 가성과 진성을 구별하는 법은 목젖(울림대)을 만지고 소리를 내 보세요. 목젖 부근이 올라가면 가성이고 움직임이 없거나 내려가면 진성입니다. 가성은 주로 울림음이 없는 자음 'ㅅ, ㅈ, ㄱ, ㅎ' 등에서 주로 나타납니다.

우선 가성의 반대인 진성, 곧 공명감이 살아있는 목소리를 위해 발성법대로 소리를 내야 할 것입니다. 목젖 주위의 공간 즉, 아치를 열어주고 낮고 굵게 소리를 내고 가슴이 울리는지 느껴보면 좋습니다. 혹자는 가슴에서 소리를 뱉어내듯이 연습하라고 조언하기도 합니다. 이 과정을 통해 낸 소리들이 어떤 단어라도 똑같은 느낌이 되어야 해요.

Q. 왜 말할 때 콧구멍이 움직이죠? 화면에서 보는 제 모습 부끄럽습니다.

원인과 방법

A. 얼굴에 힘을 빼세요!

우리 몸은 각자의 역할이 있습니다. 그 역할 분담이 잘 될 때 좋은 아나운싱이 나오겠죠? 아나운서의 경우, 눈은 카메라를 향해 아이 콘택트를 잘해주어야 합니다. 코는 호흡하는 역할과 울림소리를 낼 때 도와주는 역할을 합니다. 또 입은 어떤가요? 이중모음이나 원순 모음을 발음할 때 원하는 대로 모양을 갖춰주는 유연성이 필요하고 카메라 앞에서 자동으로 미소를 만들어내는 센스도 필요합니다. 그렇다면 목소리에 힘을 주는 역할은 어느 부위일까? 바로 배입니다. 하지만 소리를 크게 내려고 하다가 배가 아닌 온몸에 힘을 준다거나 얼굴에 힘을 주는 경우가 생기는데요, 이럴 때 얼굴 중심부로 소리가 쏠리는 현상이 발생할 수 있습니다. 얼굴에 힘을 주게 되면 얼굴을 울리며 소리가 나오기 때문에 올바른 발성이라고 볼 수 없습니다. 얼굴에 무조건 힘을 빼고 배를 이용해 발성해야 합니다.

복식호흡을 해서 배로 숨쉬기 연습을 많이 합니다. 그런 다음 군인 발성을 통해 '이-얍!!' 하면서 배 안에 소리를 힘 있게 끌어올려봅시다. 얼굴에 힘을 빼셔야 합니다. 큰소리를 내야 한다는 생각을 하지 말고 제대로 된 소리를 먼저 내는 데 주력해야 할 것입니다. 그리고 소리가 중심부로 쏠리는 경우는 콧구멍 혹은 코 주위의 잔 근육들의 움직임이 나타나기 때문에 거울을 보며 자가 진단하고 고쳐나가십시오.

Q. 목소리의 크기는 어떻게 해야 하나요?

원인과 방법

A. 자신의 목소리 크기 체크

당연히 청중의 수에 따라 목소리의 크기가 달라집니다. 청중이 100명 있을 때는 나와 가장 멀리 있는 사람이 들을 수 있을 만큼 소리를 내주어야 합니다. 탄탄한 발성으로 멀리까지 나갈 수 있도록 목소리를 우렁차게 내야겠지요. 반면에 옆 사람과 혹은 10명 내외의 사람들이 있는 곳에서는 너무 큰소리를 내면 상대방이 듣기 부담스럽기 때문에 역시 적절한 소리를 내야 합니다. 그런데 평소에 큰소리를 내보지 않은 사람은 크게 소리를 낸다는 기준을 잘 모르는 경우가 많습니다. 단계별 발성을 통해 자신이 갖고 있는 가장 작은 소리부터 가장 큰소리까지 내 본 다음 청중 수에 맞게 응용하시면 됩니다.

1 비언어적 커뮤니케이션

2 표정이란

3 눈 맞춤의 중요성

4 상황별 눈 맞춤 요령

05장

표정과 눈맞춤

1 비언어적 커뮤니케이션

우리가 누군가와 의사소통을 할 때는 언어적으로 표현되는 말도 하지만 비언어적인 방법으로도 대화한다. 스피치는 크게 언어적인 표현과 비언어적인 표현으로 나눌 수 있다. 언어적인 표현은 음성언어로 표현되는 메시지를 말하며 비언어적인 표현은 이것을 제외한 모든 것이 다 포함된다고 볼 수 있다. 예를 들면 자세나 표정, 눈 맞춤, 시선 등이다. 인간이 언어를 만들고 문자를 사용하기 훨씬 전부터 비언어적인 표현은 의사소통의 아주 중요한 방법이었고 자연발생적으로 생겨난 대화의 시초였다고 볼 수 있다.

비언어적인 커뮤니케이션의 과학적인 연구는 1950년대부터 본격화되었다. 미국의 인류학자이자 심리학자인 레이 버드 휘스텔Ray Birdwhistell과 홀Hall은 몸의 움직임과 공간의 이용에 관한 연구를 처음으로 시도하였다. 레이 버드 휘스텔Ray Birdwhistell은 개인 대 개인의 소통에 있어서 음성언어는 30%가량의 정보만 전달하고 비언어적 수단인 몸짓언어가 전달하는 정보의 양은 약 70%라고 보았다. 인류학자 홀Hall 역시 커뮤니케이션에서 60%는 비언어적 표현이라고 하였으며 심리학자 마이클 폭스Michael Fox는 의사소통에 있어서 80%가 비언어적인 수단에 의존한다고 보았다.

1980년대 이후에는 많은 국내 학자들 사이에서도 커뮤니케이션 비언어적 요소에 관한 연구가 활발하게 이루어졌다. 특히 사람이 많은 집단 등에서는 언어로 전달되는 비율이 더 줄어든다고 밝혔다. 말하는 이의 표정, 제스처, 눈 맞춤 등을 통해 전달하고자 하는 메시지의 정보나 감정을 읽어내는 경우가 압도적으로 많다는 것을 의심할 이는 아무도 없을 것이다. 즉 사람의 얼굴과 행동은 음성언어나 문자보다 더 많은 말을 전달하는 수단인 것이다.

미국 UCLA의 심리학 교수 알버트 메라비언이 과학적 연구에서는 메시지의 전달 효과에 미치는 여러 요인 가운데 음성이 미치는 영향이 38%인 반면, 표정, 눈 맞춤, 손짓, 시선 등이 미치는 영향은 55% 정도라고 하였다. 이 이론은 특정 문화권을 떠나 전 세계적으로 입증되었으며 국내 스피치 커뮤니케이션 연구 학자들도 비언어적인 요소가 스피치에 있어서 중요한 역할을 수행한다는 것들을 입증했다.

눈 맞춤이나 표정, 동작 등의 시각적인 비언어적인 요소를 커뮤니케이션에 적절하게 활용하면 더욱더 전달력 있는 스피치를 가능하게 한다. 즉 듣는이에게 더 설득력 있게 메시지를 전달할 수 있다는 것이다. 또 제스처 사용은 메시지를 반복해 주는 기능을 하기도 한다. 거절을 나타내면서 고개를 흔들거나 조용히 하라는 뜻으로 집게손가락을 입술 가운데 세우는 동작 등은 메시지의 의미를 더욱 강하게 전달시켜 줄 뿐만 아니라 전 세계적으로 통하는 몸짓 언어이다.

커뮤니케이션의 비언어적인 표현 중에서도 표정 또한 중요한 요소이다. 예를 들어 칭찬의 뜻인 '잘한다'를 말할 때 얼굴을 잔뜩 찌푸리며 인상을 쓰고 있다면 이것은 칭찬의 의미가 아니라 실망이나 꾸중을 하는 메시지로 전달되며 오히려 음성적인 표현보다 더 강하게 감정을 전달하는 방법이 되기도 한다. 그럼 지금부터 커뮤니케이션에 있어서 비언어적인 표현 중에서 시각적 요소인 표정과 눈 맞춤Eye contack, 손동작Jesture에 대해 자세히 살펴보자.

2 ★★

표정이란

우리는 하루에도 수만 가지 표정을 지으며 얼굴의 근육들을 움직인다. 표정을 통해 자신의 감정을 표현하기도 하고 반대로 표정을 이용해서 감정이나 느낌을 숨기기도 한다. 사람의 표정은 개인의 심리 상태를 전달해 주는 대화의 도구로 커뮤니케이션에 있어서는 아주 중요한 요소다. 하지만 얼굴의 표정을 객관화시켜서 정의하기는 쉽지 않다.

표정에 관한 연구는 19세기 '종의 기원'의 창시자로 유명한 찰스 다윈Charles Darwin을 통해 시작되었다. 그는 어린아이들이 정서를 표현하는 표정을 분석하면서 표정이 전 세계적이고 이미 타고난 것이라는 것을 입증하였다. 더불어 언어와는 다른 의사소통의 방법이라고 주장했다. 인간의 표정이 진화적 산물이라는 것이다. 이후 1967년 인류학자 폴 에크만Paul Ekman은 파푸아뉴기니의 포어족이라는 원주민의 감정 표현을 연구하게 되었다. 산업화가 시작되기 전 뉴기니 원주민의 감정 표정은 서구인의 표정과는 다를 것이라는 예상을 깨고 그들이 표현하는 기쁨, 분노, 슬픔, 화남 등은 서구인의 표정과 비슷했으며 사람의 표정은 외형이나 나이, 성별 등과 관계없이 감정이 얼굴에 드러나는 현상이 보편적이라는 것을 밝혀냈다. 그리고 폴 에크먼Ekman은 그의 동료인 프리센Friesen과 함께 신체의 구체적인 비언어적 표정에 관한 연구를 하게 되었다. 얼굴 근육의 분석을 통해 비언어적 요소인 표정의 다섯 가지 영역을 제시하면서 '얼굴 움직임 부호 체계'를 계발하였다.

폴 에크먼은 인간의 표정을 크게 6가지로 나누었다. '분노, 혐오, 두려움, 기쁨, 슬픔, 놀람'이다. 이 표정들은 얼굴 근육의 움직임으로 만들어지며 감정을 전달한다. 실제로 그의 연구에서 감정에 따라 나타나는 표정의 미묘한 차이는 있었지만 분노의 감정을 표현하는 데는 문화와 상관없이 매우 높은 일치도를 보였다고 한다.

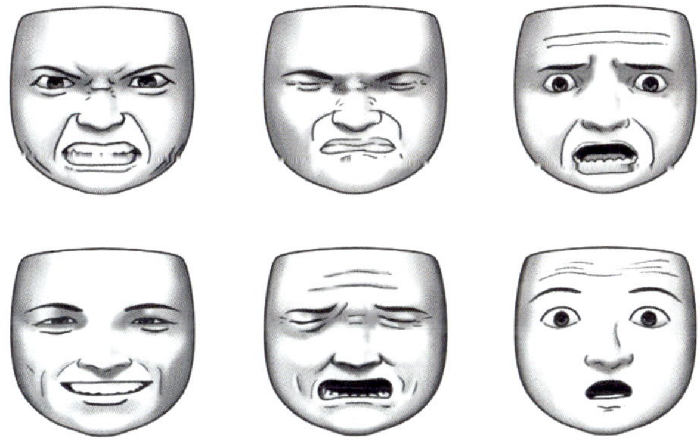

그림 5-1. 인간의 6가지 표정

그렇다면 과학적으로도 밝혀진 커뮤니케이션의 전달 수단인 표정을 스피치에서는 어떻게 활용하면 좋을까? 스피치에서 가장 좋은 표정은 미소이다. 입꼬리를 살짝 올리며 눈꼬리는 살짝 아래로 내려와 온화한 미소를 만드는 것이다. 또 이마의 긴장을 풀고 윗니가 조금 드러나는 정도의 모습이 스피치의 표정으로 좋을 것이다. 하지만 미소에도 진짜 미소와 가짜 미소가 있다. 극도의 긴장 상태로 면접장에 들어간다고 가정해 보자. 면접관을 향해 불편한 미소를 만들며 웃고 있지는 않았는가? 입꼬리는 치켜 올려 웃고 있지만 정작 눈은 놀란 듯한 표정을 만들고 있지는 않았는가? 진짜 미소는 사람이 행복하거나 즐거울 때 그리고 편안함을 느낄 때 나타난다. 하지만 가짜 미소는 인위적으로 만들어 보일 수도 있다.

프랑스 해부학자 듀센Duchenne은 진정한 기쁨을 표현하는 미소를 만들려면 얼굴 근육 중 볼근(대협골근)과 눈둘레근(안륜근)을 함께 이용해야 한다고 하였다. 기분 좋은 미소를 진심으로 짓게 되면 눈썹 사이가 좁아지며 자연스러운 눈가 주름이 생기며 양쪽 광대가 살짝 올라가며 뺨도 높아지게 된다. 그리고 눈썹은 전체적으로 살짝 내려오며 온화한 느낌을 만든다. 하지만 가짜미소는 큰 광대근이나 볼근을 움직일 수는 있지만 눈둘레근을 움직일 수는 없다. 듀센의 연구에 따르면 안륜근은 뇌를 통한 정서적인 자극에 의해서만 작동하며 인위적인 미소를 표현하기 위한 근육의 수축은 유발하지 못한다고 주장했다. 이는 후대의 연구에 의해서도 밝혀졌다. 진짜 행복하지 않으면 진정한 미소를 지을 수는 없다는 것이다. 즉 호감 가는 미소를 만들려면 진심으로 행복감을 느끼고 기쁨을 느껴야만 가능하다. 그래야 진정한 듀센 미소를 지을 수 있다.

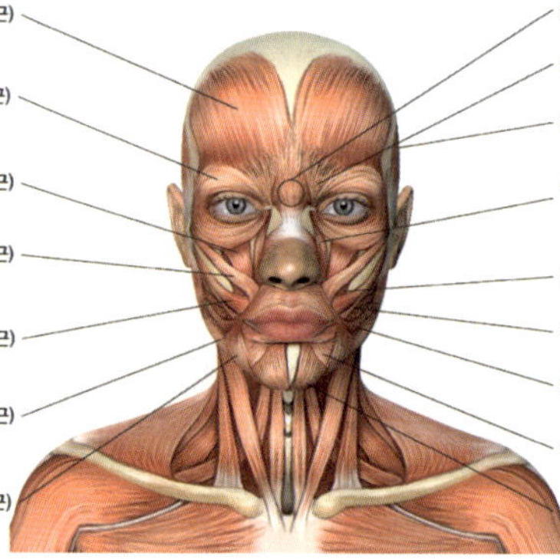

그림 5-2. 얼굴 근육 조직

우리는 흔히 그 사람의 살아온 행적이 궁금하다면 얼굴의 주름을 보라고 한다. 평상시 내가 눈썹을 치켜 올려 화난 모습을 하고 있지는 않은지 미간을 찌푸려 인상을 쓰고 있지는 않은지 거울에 내 모습을 비춰보자. 얼굴 근육의 움직임이 만드는 표정에 의한 주름이 지금 나의 심리를 잘 말해 줄 것이다.

최근에는 얼굴 근육의 움직임이 단순히 감정 상태를 나타내는 것뿐만 아니라 인위적으로 감정을 만들 수도 있다는 것이 밝혀졌다. 2006년 Finzi박사는 보톡스 주사로 우울증 환자들을 치료하며 그들의 우울증이 호전되는 것을 발견했다. 미간을 찌푸리는 행위를 덜 하게 됨으로써 부정적인 감정을 관장하는 뇌 부분의 신호가 줄어들고 이것이 긍정적인 감정 상태로 전환된다는 것이다. 예로부터 '웃는 얼굴에 침 못 뱉는다'라는 말이 있다. '웃으면 복이 와요'는 한때 유명한 코미디 프로그램의 제목이기도 하다. 진심으로 행복한 감정을 느끼며 미소지어 보자. 그리고 그 모습으로 상대에게 메시지를 전달해보자.

3
눈 맞춤의 중요성

눈 맞춤은 단어 그대로 상대와 서로 눈을 맞추는 행위, 말하는 이와 청중이 동시에 서로를 바라보는 것을 말한다. 커뮤니케이션에서 눈 맞춤은 메시지의 전달에 있어 생각의 일치감을 나타내는 표현이기도 하다. 서로 눈빛이 통했다는 것은 화자의 메시지가 성실하게 잘 전달되고 있다는 뜻으로 해석된다. 커뮤니케이션 연구자 조일환(2005)은 그의 논문에서 눈 맞춤은 커뮤니케이션의 흐름을 조절하고 피드백을 모니터링하며 감정을 표현하며 또 대인관계의 성격을 나타내주는 기능을 한다고 밝혔다.

눈 맞춤이 서로에 대한 호감도와 신뢰감을 상승시킨다는 것은 과학적으로도 증명되었다. 1989년 미국의 심리학자 캘러먼과 루이스는 눈 맞춤과 관련해 흥미로운 실험을 하였는데 서로 전혀 알지 못하는 남녀 48명을 모집한 후 한 그룹에게는 특별한 지시 없이 그냥 있게 하였고 다른 그룹에는 2분간 상대의 '눈'을 바라보게 하였다. 실험 결과 2분 후 특별한 지시가 없었던 그룹에 비해 서로의 '눈'을 바라보게 했던 그룹에서는 서로의 호감도가 상승한 것으로 나타났다. 또 미국의 심리학자 자크 루빈 교수는 '낭만적 사랑의 측정'이라는 그의 논문에서 사랑하는 연인들 사이에 애정 정도를 측정하는 '루빈의 저울'을 최초로 만들었다. 이것 역시 대화를 하는 동안 얼마나 오랫동안 서로의 눈을 쳐다보는지에 따라 사랑하는 정도를 객관적으로 측정할 수 있다고 보았다.

4 ★★★★

상황별 눈 맞춤 요령

1. 다수의 청중을 상대로 연설할 때

다수의 청중을 상대로 연설을 할 때 가장 중요한 눈 맞춤은 한쪽으로 편중되지 않은 고른 눈 맞춤이다. 보통 청자(듣는 사람) 말하는 상대방의 눈을 계속 응시하게 되는데 이때 화자는 자신이 말하는 메시지가 잘 전해지고 있는지, 혹은 청자가 이해를 하고 있는지 눈 맞춤을 통해 파악할 수 있다. 그리고 화자는 청자와 눈이 마주쳤을 때는 고개를 끄덕이거나 눈을 조금 더 크게 뜨면서 소통을 이끌어 갈 수 있다. 또 계속해서 연설을 진행하는 것을 청자가 허락하는지도 알 수 있으며 자연스러운 눈 맞춤은 연사의 자신감을 보여주는 수단이 되기도 한다.

2. 면접장에서 면접을 볼 때

먼저 자기소개를 할 때는 면접관들과 한 분 한 분 눈 맞춤을 하며 자신의 호감도를 상승시키자. 질문을 받았을 때는 먼저 질문을 한 면접관과 3초 정도 눈 맞춤을 한 후 다른 면접관들에게 자연스럽게 시선을 돌리며 답변을 하도록 한다. 면접관의 눈을 정면으로 응시하는 것이 불편하다면 처음 3초간은 눈 맞춤을 하고 이후에는 면접관의 눈과 인중 사이로 살짝 시선을 내려서 답변을 한다면 어색함이 줄어들 것이다.

3. 1:1로 대화할 때

내가 상대방의 말을 경청하고 있다는 것은 눈 맞춤으로 보여줄 수 있다. 말로써 대답하지 않아도 상대와의 눈빛 교환만으로도 의미가 잘 전달되었는지 말해 줄 수 있다. 자칫 눈길에서 벗어나 다른 곳을 응시하게 된다면 상대방에게 대화의 지루함이나 피로감을 나타낼 수 있다는 것을 잊지 말자.

10시간의 진통 끝에 엄마와 처음 대면하는 아기는 눈 맞춤으로 첫 교감을 하게 되며 사랑을 맹세하는 연인들도 눈빛으로 서로의 마음을 확인할 수 있다. 그리고 발달심리치료에서는 눈 맞춤이 가장 기본적으로 시도되는 치료 방법이다. 자신감 있고 당당하게 상대방과 눈 맞춤하라. 서로에 대한 신뢰감이 상승할 것이다.

1. 자세의 중요성
2. 설득력을 높이는 제스처
3. 실전 연습

06장

자세와 제스처

1 ★ 자세의 중요성

걸음걸이와 자세는 스피치에서 오프닝과 같다. 스피치를 시작하기 전 걸어 나오는 모습만으로도 첫인상이 결정되기 때문이다. 구부정한 자세는 우울한 느낌을 줄 수 있고 열등감이나 소극적인 인상을 주기 쉽다. 이에 반해 바른 자세는 자신감과 좋은 인상을 풍긴다. 올바르고 당당한 자세로 걸어 나오는 것은 물론이고 인사를 하기 전 취하는 자세 역시 바르게 해야 한다. 단, 주의할 점은 너무 꼿꼿하게 있거나 몸이 굳어 있는 것도 바른 자세는 아니니 적당히 몸에 여유를 주는 것이 필요하다. 심리학자 메러비안의 연구 결과에 의하면 일반적으로 지위가 높은 사람은 느슨한 자세를 취하는 반면 지위가 낮은 사람은 긴장된 자세를 보인다고 했다. 발표에 적용하면 무대 위의 강자가 되기 위해서는 꾸준한 훈련을 통해 여유를 익혀야 전문가다운 인상을 줄 수 있을 것이다.

1. 기본자세 연습

양발을 편하게 어깨너비만큼 벌리고 허리를 곧게 세우고 어깨와 팔에 힘을 뺀다. 최근에는 프리젠터의 개성과 아이덴티티를 만들기 위한 전략으로 한 손을 주머니에 넣는 등의 자세를 취하기도 하지만 기본이 갖춰지지 않은 응용은 모래 위에 집을 짓는 것과 같다. 기본에 충실한 연습 뒤에 개성을 살리도록 하자. 그렇지 않으면 자칫 건방져 보일 수 있으므로 청중의 공감을 얻기 힘들다.

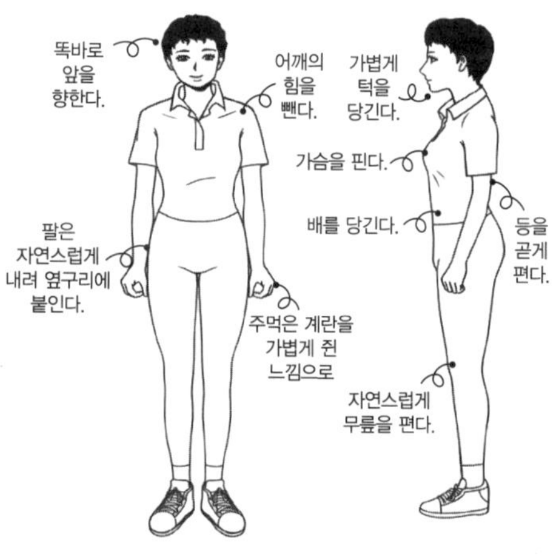

그림 6-1. 올바른 자세

2 설득력을 높이는 제스처

제스처는 의미를 전달하거나 말의 내용을 강조하고자 할 때 몸의 일부를 이용해 표현하는 것이다. 손짓과 발짓, 몸짓 등의 모든 움직임이 이에 해당한다(김은성, 2007). 대화 시 말을 대신하는 역할을 하며 강조나 주의력을 집중시킨다. 정보가 72시간 뒤에는 10%만 기억에 남지만 시각적 요소와 함께 각인 될 때는 72시간 뒤에 무려 65%로 증가한다는 연구 결과도 있다. 오길현(2006) 연구에서는 분위기에 맞춰서 자연스럽게 손동작을 취한 스피치는 제스처 없이 단순히 내용만 전달한 것보다 청중의 반응이 크게 높았다는 연구결과를 얻어냈다. 제스처는 청중에게 자신감을 전달할 뿐만 아니라 신뢰감을 높이는 데도 큰 작용을 한다. 이것이 바로 그림 우월성 효과이다. 제스처는 자연스러운 몸의 반응이기 때문에 너무 인위적이지 않아야 한다. 하지만 자신감이 없거나 극도로 긴장할 때는 제스처 역시 이를 반영하기 때문에 연습할 때 자신의 몸을 스스로 제어할 필요가 있다.

비언어적 표현을 연구해온 UC리버사이드대학교 하워드 프리드먼 교수는 카리스마 있는 사람은 외향적인 제스처를 사용하고 반대로 카리스마가 부족한 사람은 몸의 안쪽으로 제스처를 취하거나 자신의 몸을 만지는 경향이 있다고 말한다. 빌 클린턴 전 대통령 역시 케네디 대통령처럼 외향적인 제스처를 주로 사용했다. 엄지손가락을 들어 올리거나 팔을 바깥으로 뻗으면서 역동적인 자세를 취하는데 전문가들은 이를 두고 외향적인 손동작을 사용하면서부터 지지율이 올랐다고 분석했다. 세계적인 명연설가인 오바마 대통령 역시 손동작과 손바닥이 늘 바깥쪽으로 향해있음을 기억하자.

1. 제스처와 의미

① 손바닥을 보여주는 손동작

손바닥을 보이는 것은 마음을 연다는 무언의 메시지를 전달해 신뢰감과 호의적인 이미지를 만든다.

그림 6-2. 손바닥을 보여주는 손동작

② 손가락을 사용하는 손동작

핵심 내용이나 강조하고 싶은 부분에서 손가락을 사용하면 메시지를 효과적으로 전달할 수 있다. 단 너무 많이 사용하거나 손가락으로 청중을 지목하는 것은 조심스럽게 사용해야 할 것이다.

그림 6-3. 손가락을 사용하는 손동작

③ 손을 가슴에 두는 제스처

손을 가슴에 두고 말하는 것은 진심을 담는다는 메시지로 인식된다. 자신의 진솔한 이야기나 부드러운 카리스마를 발휘하고 싶을 때 활용하면 효과가 있다.

그림 6-4. 손을 가슴에 두는 제스처

④ 반복적인 제스처

설득에서 반복적인 제스처는 아주 효과적이다. 전달하고 싶은 메시지가 있다면 반복적인 제스처를 활용해보자.

그림 6-5. 반복적인 제스처

⑤ 긍정적인 제스처

좋은 이미지로 기억되고 싶다면 긍정적인 제스처를 많이 사용하는 것이 좋다. 엄지손가락을 번쩍 드는 동작이 그것이다. 사진이나 TV, 미디어 등에서 자신이 노출될 때도 반복적으로 사용하면 아이덴티티를 형성하는 데 도움이 되기도 한다.

그림 6-6. 긍정적인 제스처

2. 손동작 트레이닝

평소 말할 때 습관적으로 취하는 동작들이 있다. 말의 내용과는 상관없이 버릇처럼 나오는 손동작은 없는지 점검해야 한다. 다양한 손동작을 연습하는 이유는 말의 내용과 어울리는 적절한 동작을 찾아서 활용하기 위해서다.

① 둥근 모양 만들기

- 구슬 – 작다. 적다. 간소화
- 축구공 – 크다, 많다, 대폭, 넓다

② 손 옮기기

멜론 크기로 양손을 벌린 다음 옮기는 동작을 취하거나 한쪽 손을 아래 중간 위 단계로 올리는 동작이다.

- **활용 –** 옮긴다, 단계별, 이동한다, 차근차근

③ 손 굴리기

다람쥐가 쳇바퀴 돌 듯 두 손을 안에서 밖으로 감아주듯 말하면서 동작을 취하는 것이다. 이때 너무 빨리하지 않고 말의 속도와 어울리게 한다.

- **활용 –** 교체된다, 바꾸다, 바뀌다, 교환하다.

④ 기도하기

손을 맞잡고 가슴에 대는 동작이다.

- **활용 –** 간절함, 바람, 조심스러운 부탁, 강조 등

⑤ 깍지 끼기

깍지를 낀 채 손을 쭉 아래로 뻗다가 위치를 서서히 위로 옮긴다.

- **활용 –** 특별한 의미는 없으며 손 처리가 어색할 때

⑥ 기분 좋게 대접하기

한쪽 손을 배 위에 올리고 다른 한 손은 손바닥 전체를 사용해 상대를 가리킨다.

- **활용 –** "네, 말씀해 주세요", "어떤 의견이 있으신가요"

제스처를 할 때는 팔 전체의 움직임을 잘 이용하고 크고 분명하게 해야 한다. 또 너무 자주 사용하거나 말과 타이밍이 맞지 않는다면 제스처의 설득 효과를 기대하기 어렵다.

손동작 tip

- ☐ 기도하는 모양 혹은 노래하는 자세를 취한다.
- ☐ 골프공부터 큰 비치볼까지 잡는 자세를 취한다.
- ☐ 어색한 손에는 도구를 이용하자.
- ☐ 손이 떨릴 때는 감추어라.
- ☐ 잦은 손동작은 산만하다.
- ☐ 손끝에 힘을 실어 손끝의 방향을 분명하게 하자.

3 ★★★

실전 연습

다음 활용문을 이용해 제스처를 연습해 보자.

연습문 1

사람은 미안하다는 말을 듣고 싶은 게 아니라

상대가 미안하다고 느끼는 것을 원합니다.

그래서 미안하다가 아니라 내가 틀렸다고 말하는 것입니다.

또 자신의 실수가 5라면 사과는 그 두 배인 10만큼 해야 합니다.

사과하는 사람이 패자가 아니라 사과를 제대로 못하는 사람이

패자라는 사실을 우리는 기억해야 합니다.

– 조영탁의 행복한 경영 이야기 중 –

연습문 2

세계 3대 신문 중의 하나인 파이낸셜타임스는 2010년 최고의 CEO로 애플사의 스티브 잡스를 선정했습니다. 아이팟, 아이폰, 아이패드 전 세계 디지털 문화를 획기적으로 바꾼 이 놀라운 상상력과 통찰력은 어떻게 나온 것일까요?

스티브 잡스는 그 원천을 자신의 방에서 찾았습니다. 20대 때 2년 동안 인도에 머물면서 명상을 배웠던 그는 지금까지 30년 동안 매일 명상을 하고 있다고 합니다.

– KBS 생로병사의 비밀 중 –

1

강조표현이란

2

비언어적 요소로
강조법 익히기

3

언어적 요소로
강조법 익히기

07장

강조법

1

강조표현이란

강조표현은 말을 할 때 중요한 부분을 의도적으로 드러나게 하는 것이다. 어조를 다르게 한다거나 감정이입, 혹은 어휘의 이용으로 가능하다. 강조표현의 방법은 크게 두 가지로 한 가지는 소리의 길이와 높이, 크기 등 음성적인 요소를 이용한 강조표현이다. 다른 하나는 음운적 수단을 이용하지 않고 어휘의 본래 특징을 이용해 강조하는 방법이 있다. 부사어를 이용한다거나 어휘 반복이 그 예다. 말의 세기의 경우 보통 사람들은 음절마다 똑같은 세기로 발음하지는 않는다. 대체로 '시장', '대통령', '손님'처럼 말의 첫음절을 세게 발음하는 것이 일반적인데 '합법', '사장', '기차' 등에서는 둘째 음절을 강하게 발음하는 경우도 있다.

국립국어원의 연구자료에 의하면 세기의 위치는 말하는 사람의 감정이나 태도에 의해 변형될 수 있다고 했다. 보통 상대에 대해서 친근함을 느끼고 감정에 대한 교류가 많은 경우는 강세가 말의 끝부분에 가는 경우가 있고 반대로 사무적이거나 카리스마를 나타내야 하는 상황에서는 말의 앞부분으로 옮겨간다는 것이다. 스피치에서 자신의 감정을 효과적으로 전달하거나 원하는 메시지에 힘을 주고 싶을 때 강세뿐 아니라 호흡과 말의 속도 등 다양한 요소들을 이용해 설득력을 높일 수 있다.

2 비언어적 요소로 강조법 익히기

1. 포즈 활용하기

포즈는 휴지라고도 하며 소리를 내지 않고 잠깐 멈추어 있는 시간이다. 포즈를 적절히 사용해 말을 하면 전달력 차원에서 안정감 있는 스피치를 할 수 있다. 또 의미상 한 번에 전달되어야 할 부분에 적당한 포즈를 주면 말이 부드러우며 자연스럽다. 강조와 의미 전환으로 이용할 때는 강조단어 앞에서 쉼을 길게 준 후 말하면 그 단어가 강조된다.

단문 연습

저 5월 30일에 /// 결혼해요.

우리의 미래는 /// 어떻게 될까요?

위험에 처했을 때 내 편이 되어주는 사람이 있다면 그 사람은 바로 당신의 /// 어머니입니다.

이 프로젝트를 수행하게 된다면 매출은 /// 30% 뛸 겁니다.

장문 연습 밑줄 친 부분을 강조해 보자.

전국 주유소 휘발유 가격이 지난주에 이어 2주 연속으로 소폭 상승했습니다.

국내 기름값의 선행지표인 국제유가가 최근 상승세를 보이는 만큼 당분간 국내 휘발유 가격은 더 오를 전망입니다.

2일 한국석유공사 유가정보서비스 오피넷에 따르면 9월 다섯째 주 전국 주유소의 휘발유 판매 가격은 지난주보다 1.9원 오른 ℓ당 1천644.5원을 기록했습니다.

2. 강약의 변화 주기

소리의 크기는 청자를 위한 배려이다. 면접과 발표 등 다양한 스피치를 해야 하는 상황에서 소리의 크기가 작으면 듣는 사람이 답답해할 뿐만 아니라 쉽게 지루함을 느끼게도 한다. 통상 큰 목소리는 열정적이고 확신에 찬 이미지를 주기도 하고 너무 과하면 공격적으로 보일 수 있다. 이에 비해 목소리가 작으면 자신감이 없어 보이고 열등감이나 무기력한 느낌을 줄 수 있다. 반면에 부드럽고 다소곳한 이미지도 줄 수 있으므로 목소리의 크기를 상황에 맞게 적절히 이용할 필요가 있다. 강조법에서 목소리의 크기는 강조단어에 힘을 주어 말하는 방법인데, 때로는 의미와 단어의 성격에 따라서 오히려 작게 말하는 것이 집중을 유도하기도 한다. 실제 명 스피커들은 강조하고자 하는 문장이나 단어에서 가장 작은 소리로 속삭이듯 말을 하며 귀를 집중시키기도 한다.

단문 연습

우리는 반드시 성공할 것입니다.

강한 사람 앞에서 약하고 약한 사람 앞에서 강한 것은 현명한 것일까요?

장문 연습

잠깐 쓰고 버려지는 플라스틱이 분해되는 데에는 450년이 걸립니다.

미세플라스틱은 해양생물은 물론 우리의 건강까지 위협합니다.

다행히 우리나라 연안의 미세플라스틱 농도가 해양생물에 영향을 주는 수준은 아닌 것으로 나타났지만 안심할 수 없습니다.

우리는 작은 실천으로 큰 변화를 만들어왔습니다.

플라스틱 사용량을 줄이고, 바닷가 쓰레기를 줍는 작은 행동 하나하나가 모여 거대한 생명의 바다를 꿈틀거리게 할 것입니다.

"바다를 마중하다"라는 올해 '국제 연안정화의 날' 슬로건처럼 우리와 미래세대가 깨끗한 바다를 온전히 마중하기를 기원합니다.

– 출처: 청와대 대통령 연설문 '국제 연안정화의날' 기념

3. 또박또박 읽기

포즈는 음절과 음절 사이가 가장 짧고 이어서 단어와 단어, 구와 절, 문장, 문단 순으로 점차 길어진다. 그러나 강조법에서는 강조단어를 구성하는 음절을 모두 천천히 또박또박 읽는 방법이다. 단 주의해야 할 점은 첫음절에 악센트를 주지 않고 모든 음절에 비교적 균등하게 힘을 주며 읽는 것이다.

단문 연습

우리말 나들이는 우리말을 정확하게 알려주는 프로그램이구요, 저는 우리말 지기로서 열심히 진행하겠습니다.

이번 달부터 음주운전 단속이 강화될 방침입니다.

장문 연습

존중감은 상대의 마음을 움직이게 하는 최고의 묘약이다. 존중받고 있다고 느끼면 누구나 상대의 말에 귀를 기울이고 그 말을 긍정적으로 받아들이기 때문이다.

그렇다면 우리는 어떤 대화에서 스스로 존중받고 있다고 느낄까? 역설적이지만 상대를 존중하는 대화를 하고 싶다면 대화 도중에 상대에 대한 언급을 빼야 한다.

– 출처: 황현진' 설득의 정석' 내용 중 발췌

4. 높낮이 조절하기

목소리의 높낮이 즉 톤은 말하는 사람의 이미지를 결정하는 데 중요한 역할을 한다. 한 연구에서는 적당한 고저 변화를 이용해 말을 하면 영향력 있는 사람으로 인식한다고 밝혔다. 지루함을 없애는 데도 유용하지만 강조를 할 때도 음의 높낮이를 이용할 수 있다. 문장이 지루해지지 않게 높고 낮음을 단어에 따라 적절히 섞으며 연습해 보자.

단문 연습

토끼가 깡충깡충 뛰어가고 거북이는 엉금엉금 기어갑니다.

오늘은 내일보다 기온이 더 올라서 한낮에는 포근하겠지만 오후 늦게 바람이 강하게 불 것으로 보이니까 옷 따뜻하게 챙겨입으시기 바랍니다.

장문 연습

하늘이 내내 어둡더니 오후부터는 곳곳에 다시 단비가 내리고 있습니다.

지금 경기 북부와 영서 북부를 제외한 전국 대부분 지방에 비가 내리고 있고요,

붉은색으로 보이는 남해안에는 시간당 10mm 안팎의 다소 강한 비가 내리고 있습니다.

앞으로 전남과 경남, 제주지방에는 10에서 40mm의 비가 내리겠고 돌풍과 함께 벼락이 치기도 하겠습니다.

또 충청과 전북, 경북에는 5에서 20mm, 서울을 포함한 중북부 지역에는 5mm 안팎의 비가 내리겠습니다.

5. 감정 이입하기

감정을 이입해 단어의 성격과 느낌을 표현하면 말에 생동감을 줄 수 있다. 여기에 표정도 함께 연출된다면 같은 말이라도 느낌이 사뭇 다를 것이다.

단문 연습

흰 눈이 소복소복 쌓인다.

제 선물인가요? 정말 감사합니다.

처참하게 버려지고 찢긴 상처를 우리는 어떻게 보듬어야 할까요?

장문 연습

푸른 바다가 예쁜 제주 한림의 아담한 집.
소리는 없지만 어떤 집보다 시끌벅적 수다가 넘치는 가족이 살고 있다.
아빠인 김진범(39) 씨와 엄마 설경희(33) 씨는
세상의 소리를 들어 본 적도
딸들의 이름을 불러본 적도 없는 농아인이다.
사람들은 "듣지도 말하지도 못하면서 어떻게 아이를 키우냐"라며
걱정스러운 시선을 보내지만
두 사람은 큰 딸 현정(9)와 작은딸 현미(6) 앞에서는 언제나
못 할 것도, 할 수 없는 것도 없는 슈퍼맨이 된다.

– 출처: KBS인간극장

6. 길게 늘이기

우리나라 말에는 장단음이 있다. 이 장단음과는 상관없이 강조하고자 하는 단어의 모음을 길게 늘이는 방법이다.

단문 연습

육아 정책은 더 많- 은 수정이 필요합니다.

저희 결혼식에 꼬- 옥 참석해 주세요.

나들이 차량 때문에 올림픽 대로가 길-게 밀리고 있습니다.

7. 속도 조절

음성적인 요소 중에서 속도는 설득적인 관점에서 많은 연구가 이루어지고 있다. 말의 속도가 빠르면 느린 사람보다 더욱 설득력이 있고 능력이나 사회적으로 매력도가 더 높아 설득이 잘 된다는 연구 결과가 있다. 그 때문에 초창기 홈쇼핑 방송에서는 상대방의 마음을 자극해 구매를 촉구하기 위해 말의 속도를 빨리하며 상품 설명을 하기도 했다. 또 말의 속도가 느리면 게으르거나 소극적인 느낌을 줄 수 있고 빠르게 말하는 사람은 당차고 적극적인 인상을 풍기기 쉽다. 그러나 강조법에서는 조금 다른 방식으로 접근해야 한다. 빠른 속도는 긴박함이나 중요하지 않은 내용을 설명할 때 사용하고 느린 속도는 강조해야 할 부분이나 어려운 단어, 이해가 필요한 부분에서 활용하면 된다.

단문 연습 **밑줄 친 부분을 빠르게 말하기** – 긴박함, 중요하지 않음

하지만 그들을 기다리는 건 사냥의 함정 그리고 올무다.

어제 밥을 먹고 집에서 쉬는데 문득 이런 생각이 들더라고요.

시간이 없으니까 빨리 진행하도록 하겠습니다. 오늘 주제는 행복입니다.

장문 연습 **밑줄 친 부분을 느리게 말하기** – 강조, 이해, 어려운 단어

진화론에 따르면 진화의 과정은 나무와 같다고 합니다.

하등동물이 고등동물로 곧바로 변하는 것이 아니라 마치 나무에서 여러 갈래로 나뭇가지가 갈라져 나오듯 공통조상에서 갈라져 나온 이후 각자 독자적인 방향으로 진화해 간다는 것입니다. 인간과 가장 가까운 약 800만 년 전 공통조상으로부터 분류되었고 원숭이는 이보다 훨씬 전에 갈라져 나왔다고 합니다.

그래서 아무리 오랜 시간이 지난다 해도 침팬지나 원숭이가 사람처럼 진화해 갈 수는 없다는 것이죠. 하지만 부인할 수 없는 사실은 원숭이는 생김새며 행동까지 사람과 참 많이 닮아있다는 것입니다. 사람과 닮은 꼴 원숭이를 만나봅니다.

– KBS TV 과학 카페 중 발췌

3 언어적 요소로 강조법 익히기

음성적인 요소를 이용하지 않고 강조를 줄 때 부사어를 사용하거나 어휘를 반복해 힘을 주는 방법이다.

① 부사

예 아주, 몹시, 굉장히, 대단히, 상당히, 정말, 지독하게, 한층, 훨씬 등

② 어휘 반복

예 39,900원, 39,900원에 드립니다.
이번 정류장은 신사, 신사역입니다.
우리의 희망은 당신, 바로 당신입니다.

③ 문장의 도치

문장 구성의 순서에 맞게 있어야 할 성분의 위치를 바꿔주는 방법이다. 때로는 자기소개를 할 때 이름을 앞에 말하지 않고 맨 뒤에 말하는 것도 이런 강조표현의 한 예다.

예 이거 진짜 괜찮죠? → 이거 괜찮죠. 진짜로.
나 너 좋아해 → 나 좋아해, 너.
이거 여러 개 사면 얼마에요? → 이거 얼마에요? 여러 개 사면요.

1

스피치와 말의 구조

2

논리적 추론법

3

다양한 구성의 활용

08장
말의 구조화

1 스피치와 말의 구조

유창하게 말하는 것 같지만 내용은 정작 핵심이 없이 주저리주저리 그냥 말하는 사람이 있는가 하면 논리적으로 구성된 글을 조리 있게 입말로 잘 풀어내 생동감 있게 이야기하는 사람도 있다. 대부분은 후자의 스피치에 더 호감을 느낄 것이다. 특히 그 이야기가 논리적일 때 청중은 고개를 끄덕이게 되는데 이 논리성을 갖추기 위해서는 말의 처음과 중간 끝부분의 특성을 이해하고 어떤 내용으로 채워야 할지 구상해야 한다.

1. 도입

도입 부분은 청중의 관심과 흥미를 끌어내는 부분이다. 또 전체 이야기의 예고편을 보여주는 단계로 흥미로운 사실이나 뉴스 등을 인용해 시선을 끌기도 한다.

만약 이런 내용으로 말문을 열기가 어렵다면 목차에 해당하는 내용으로 이야기를 해도 무방하다. 수사학 이론에서는 화자의 신뢰도가 높은 사람일수록 스피치의 설득력도 강하다고 본다. 따라서 오프닝에서는 화자의 공신력을 위해 간단한 자기소개를 넣는 것도 좋은 방법이 될 수 있으며 창조적인 시작으로 신선한 이미지를 만드는 것도 중요하다.

2. 본문

이야기의 정보가 가장 많이 함축되어 있으며 양적인 비중이 가장 높은 부분이다. 본문은 내용이 어지럽게 여기저기 흩어지지 않도록 목록화하고 논리적으로 풀어가야 한다.

주로 3가지 요점으로 정리하고 내용을 뒷받침하거나 사례를 들어 살을 붙여내는 형식이 일반적이다. 무엇보다 내용이 막연하고 추상적이지 않도록 구체적으로 서술되어야 한다.

3. 마무리

스피치에서 가장 어려운 부분은 결론이라고 말하는 사람들이 많다. 길게 연설했던 자신의 메시지를 요약해서 정리하거나 메시지의 여운을 남기는 부분이 바로 클로징이다. 그런데 요약을 잘하지 못한다거나 자칫 결론 없이 스피치를 끝내버리는 경우가 있다. 이때는 결론에서 무언가 새로운 정보를 주려고 하지 말고 주제를 다시 한번 상기시키며 바람이나 다짐을 이야기하면 좋다. 또 본문의 내용이 논리적인 전개에 주안점을 두었다면 결론 부분은 감동과 여운을 남길 수 있는 멋진 멘트를 한마디 정도 넣는다면 스피치의 효과를 더 극대화할 수 있다. 유명인의 어록이나 명언, 또는 고사성어를 평소 많이 알아두고 마무리에 적절히 활용해 보자,

2

논리적 추론법

논리적인 구조는 무엇일까? 이미 다 알고 있듯이 바로 서론과 본론 결론의 흐름에 맞춘 구조이다. 단순히 1분 스피치의 경우에도 말이다. 너무나도 당연하게 알고 있는 서론 본론 결론이라는 논리적 구조를 말하기에 그대로 옮겨오는 것을 어려워하는 사람들도 많다. 하지만 주의를 끄는 서론을 바탕으로 논리적인 전개에 따른 본론과 감동과 소통을 이끌어 날 수 있는 결론이 있어야 명품 스피치로 인정받을 수 있다. 논리적인 구성으로 설득력 있게 말하기 위한 언어적인 표현 방법에 대하여 자세히 알아보자.

논리학이라는 학문을 통해 형식과 내용을 연구한 최초의 철학자는 바로 아리스토텔레스이다. 중학교 국어 시간에 공부했던 연역법과 귀납법은 논리적인 구조에 가장 밑바탕이 된다.

1. 연역법 - 3단 논법

연역법은 본질적인 어떤 속성에 다른 명제들을 연결시키면서 결론은 필연적으로 나타나게 되는 것을 말한다. 즉 결론을 도출하는 것은 대전제와 소전제이고 그 두 전제를 연결시킴으로써 결론을 도출한다. 아리스토텔레스는 삼단 논법을 예로 들며 논리적인 구조의 방법을 제시하였다.

대전제: 모든 생명체는 죽는다.
소전제: 모든 인간은 생명체이다.
결론: 모든 인간은 죽는다.

아리스토텔레스의 삼단논법은 전제들과 결론 간의 논리적인 관계를 결정하기 위한 도구라 할 수 있다.

2. 귀납법

귀납법은 여러 가지 경험들을 사례를 비추어 결론을 이끌어 내는 추론방법이다. 아리스토텔레스가 특수한 사례로부터 일반적인 진리를 추론하는 과정으로 생각해 냈는데 수학자 베이컨이 이를 이론화시켰다.

귀납법 예시

소크라테스는 죽었다.
히틀러도 죽었다.
신사임당도 죽었다.
그러므로 모든 사람은 죽는다.

영국의 백조는 흰색이다.
프랑스의 백조도 흰색이다.
미국의 백조도 흰색이다.
그러므로 모든 백조는 흰색이다.

하지만 귀납적인 추론은 가끔 논리에서 벗어날 때가 있다. 경험에 따른 일반화는 예상치 못했던 예외의 경우가 생기기 때문이다. 우리는 그것을 '블랙스완'이라고 한다. 유럽인들이 1697년 오스트레일리아 대륙에서 처음으로 검은색 백조를 발견하기 전까지 모든 백조는 흰색이라고 믿었다. 그때까지 인류에게 발견된 백조는 모두 흰색이었기 때문이다. 하지만 오스트레일리아 대륙에서 발견된 검정색 백조의 모습은 과히 충격이었다. 이때부터 블랙스완은 존재하지 않을 것인가 생각하기나 불가능하다고 인식된 상황이 실제로 발생하는 것을 은유적으로 일컫는 말이 되었다.

경제학에서는 미국 월가에서 발생한 경제공황사태, 즉 리먼브라더스의 몰락을 블랙스완이라고 표현하였고 9.11테러나 구글의 성공 또한 블랙스완으로 볼 수 있다. 따라서 논리적인 틀에서 귀납법은 예외가 있다는 것을 꼭 명심하자.

3단 구조에 따른 스피치 내용 예시문

구성	예시문
서론	안녕하세요? 김미랍니다. 오늘 하루 여러분은 얼마나 많이 미소를 짓고 몇 번이나 호탕하게 웃으셨나요? 아니면 온종일 찌푸린 얼굴을 하고 누군가에게 소리를 지르거나 화를 내지는 않았나요? 감정조절 능력은 상대방뿐 아니라 나 자신을 위해서도 꼭 필요한 능력이죠? 최근 뉴스를 보면 순간의 분노를 조절하지 못하고 '묻지 마 폭행'을 저지르거나 층간 소음 문제나 부부싸움을 한 뒤 욱하는 마음에 끔찍한 일들을 저지르는 경우가 생기고 있습니다. 학교 폭력이나 어린이집 교사 폭행 사건 등도 이와 비슷한 경우일 텐데요. 여러 가지 감정 중에서도 분노를 조절하는 방법을 오늘 이 자리에서 소개해 드릴게요.
본론	첫 번째 방법은 '10초 카운팅'입니다. 순간적인 짜증이나 분노, 또는 화를 조절하지 못할 때 하던 것을 멈추고 10초를 세는 겁니다. 그럼 신기하게도 순간의 분노가 가라앉고 마음의 평정을 찾게 된다고 하네요. 만 3세 정도의 아이들도 10초 동안 세면서 기다려 주면 떼를 쓰다가 멈춘다든지 욕심내던 무언가를 상대방에서 양보한다고 합니다. 여러분들도 순간 분노의 감정이 치솟을 때, 딱 10초만 기다려 보세요. 10초 동안 마음이 느긋해져 화를 진정시킬 수 있을 것입니다. 두 번째 방법은 분노가 치밀어 오르는 순간 아예 자리를 피하는 방법입니다. 물론 상대방에게는 지금 자신의 감정이 굉장히 격한 상황이기에 다시 이야기하자고 정중하게 말을 한 뒤 자리를 떠나야겠죠? 욱하는 마음에 내뱉은 말과 행동은 사소한 일도 심각하게 만들 수 있기 때문에 일단 자리를 옮겨서 흥분된 마음을 가라앉히는 것이 중요합니다. 그리고 상대방의 입장을 한 번만 생각해 본다면 오히려 감정이 쉽게 조절될 수도 있습니다. 세 번째 방법은 평소에 신체적인 활동을 많이 하는 것입니다. 에너지를 분산시키고 여가활동을 통한 세로토닌이라는 호르몬이 분비되게끔 만드는 것인데요, 이는 스트레스를 낮추는 데 도움이 된다고 합니다. 따라서 평소 운동을 하거나 음악에 맞춰 춤을 추는 취미를 가지면 어떨까요?
결론	2014년 통계를 보면 분노조절장애 환자가 4년 사이 32% 증가하고 한 해 우발적 분노형 범죄자는 15만 2천 명이나 된다고 합니다. 이에 심리 상담을 받거나 약물치료를 받는 사람들도 점점 늘어난다고 하는데요. 여러분도 앞에서 소개해 드린 방법을 이용해서 평소 분노를 억제하는 방법을 꼭 하나쯤 숙지해 두셨으면 좋겠습니다.

3단 구조를 5단계로 세분화하기

Opening

↓

Preview

↓

Story Telling

↓

Summary

↓

Closing

- **Opening:** 청중의 이목을 끄는 참신한 문장들로 시작하기. 재미있는 요소를 넣어 집중하게 한다.
- **Preview:** 주제를 언급하고 간단하게 내용에 대해 소개한다.
- **Story Telling:** 다양한 스토리텔링 기법을 활용해 에피소드 형식으로 이야기를 풀어낸다. 본론의 중심이 되는 부분으로 스피치의 콘텐츠가 가장 중요한 영역이다.
- **Summary:** 청중이 스피치를 기억할 수 있도록 본론의 내용을 간단하게 요점을 말해준다.
- **Closing:** 스피치의 목적에 도달할 수 있도록 가장 호소력 있는 멘트로 감동을 이끌어낸다. 감정을 실어 감동과 여운을 느끼게 한다.

3 ★★★ 다양한 구성의 활용

다음은 상황이나 목적에 따라 내용을 구성하는 몇 가지 방법을 소개한다. 3단 구조를 따르되 서론 본론 결론에 어떤 방식으로 구성을 해야 하는지 구체적으로 알아보자.

1. 리아(RIA) 구성

- **Reason**(이유): 먼저 말하고자 하는 정보를 이야기하는 이유에 대해 언급한다.
- **Information**(정보): 주제에 관한 핵심적인 정보를 전달한다.
- **Action**(행동): 느낌이나 행동을 촉구하는 내용으로 마무리한다.

예시

주제: 환경

R: 기후위기가 심각한 요즘입니다. 최근 지구의 온도 상승을 1.5도씨 이내로 유지하기 위해 전 세계가 2050년까지 탄소 중립을 선언했는데요, 이에 따라 우리 개인들도 생활 속에서 지킬 수 있는 실천이 필요할 때입니다.

I: 우리가 주고받는 이메일 1통을 저장하기 위해서는 데이터센터에서는 1건당 4g의 이산화탄소가 발생한다고 합니다. 메일함에 쌓여있는 불필요한 데이터를 처리하고 보관하는데 대규모 전력 소모가 발생하는데요, 특히 스팸메일을 보관하는데 무려 연간 1700만 톤의 이산화탄소가 배출되고 300 kWh의 전기가 낭비된다고 합니다. 예를 들어 23억 명의 사람들이 50개의 읽지 않은 메일을 비우게 된다면 데이터 862만 5000GB가 삭제되는데요, 이것은 1시간 동안 27억 개의 전구를 끄는 것과 같은 효과를 얻을 수 있다고 합니다.

A: 시간을 내서 이렇게 메일함을 정리하는 건 환경을 위해 할 수 있는 간단한 실천 방법이라고 생각합니다. 오늘 메일함 비우기 실천해보면 어떨까요?

2. 에프(AEF) 구성

- **Answer**(답): 주제에 대한 답을 이야기한다.
- **Explain**(설명): 답에 대한 구체적인 설명을 한다.
- **Feeling**(느낌): 느낌과 생각으로 마무리한다.

예시

주제: 기억에 남는 여행지가 있다면

Answer : 제 인생에 기억에 남는 여행지는 대학생 때 처음 떠난 캐나다 몬트리올입니다.

Explain : 영어권 국가지만 프랑스어를 더 많이 쓰는 도시여서 불어를 전혀 몰랐지만 친절한 몬트리올 시민들의 '봉주르' 인사가 아직도 눈에 선합니다. 노트르담 대성당에서의 불어 미사도 잊을 수 없는 경험이었고 그 감동은 이후 한국에서 세례를 받고 천주교 신자가 되는 연결고리가 되었습니다.

Feeling : 낯선 불어를 어렴풋이 이해하며 여행했던 아날로그 그 시절이 제겐 큰 추억으로 기억됩니다. 스마트폰 하나면 정보를 다 얻을 수 있는 지금과는 비교할 수 없는 경험이었습니다. 바쁜 일상에 치여 여행을 하지 못했던 몇 년 동안 늘 그때를 그리워하곤 했습니다. 언젠가는 가족들과 꼭 한번 다시 가고 싶습니다.

3. 이정표 구성

본론 스토리가 길지 않거나 한 가지로 설명이 부족한 경우 또 다양한 관점에서 다루어야 할 주제는 이정표 구조로 말하는 연습을 해보자. 이정표 구조란 이야기를 시작할 때 어떻게 이야기를 전개할 것인지 미리 알려주는 방식이다. "3가지로 말씀드리겠습니다.", "장점과 단점을 생각해봤습니다.", "단기적인 성과와 장기적인 성과 차원에서 말씀드리겠습니다" 등으로 시작한다.

예시

주제: 자신감을 채우는 방법

이정표 : 발표를 잘하는 방법은 무수히 많습니다. 그중에서도 발표의 불안감을 떨쳐내고 자신감을 갖게 해 줄 3가지 방법을 여러분과 나누고 싶습니다.

경로 : 먼저 자신에게 큰 기대를 하지 않는 것입니다. 잘하려고 하다 보면 더욱 긴장이 돼서 오히려 말을 하는 데 방해가 될 수 있습니다. 두 번째는 청중의 시선에 관해 혼자만의 생각으로 편견을 갖지 않는 것입니다. '저 사람이 나를 평가하고 있구나. 실수하면 비웃겠지'라는 생각이 들 면 듣는 사람을 불편하게 느낄 수밖에 없습니다. 마지막으로 떨리는 증상을 누구나 겪는 일이라며 당연한 것으로 받아들여야 합니다.

도착 : 여러분도 이 세 가지를 기억하시고 발표할 때마다 발표를 방해하는 것들로부터 조금씩 해방되셨으면 좋겠습니다.

4. PREP 구성

- **Point**(주제) 주제와 같은 핵심적인 내용을 말한다.
- **Reason**(이유) 그렇게 생각한 이유에 대해 설명한다.
- **Example(**사례) 구체적인 사례를 든다.
- **Point**(주제 강조) 다시 한번 주제를 강조한다.

예시

Point : 스피치를 잘하기 위해서 가장 중요한 것은 바로 실전 연습과 반복연습입니다.

Reason : 왜냐하면 말하기는 이론이 아니라 실전이기 때문이죠. 좋은 발성을 기본으로 정확한 발음을 구사하려면 소리 내어 연습해 보는 방법밖에 없습니다. 아무리 좋은 콘텐츠를 가지고 좋은 원고를 썼다고 해도 실제로 말하는 연습은 전혀 하지 않는다면 당연히 실수할 확률이 높아지겠죠?

Example : 실제로 무대 공포증이 있는 사람들은 카메라 앞에서 연습을 꾸준히 하면서 극복하려고 노력합니다. 반대로 프레젠테이션 발표를 앞두고 말하는 연습은 하지 않고 자료를 만드는 데만 시간을 투자한다면 발표 당일 자료에 의지할 수밖에 없습니다. 면접에서 떨지 않고 자신의 모습을 보여주기 위해 모의 면접을 해보고 말하는 연습을 하는 것도 마찬가지죠.

Point : 명품 스피치를 원하시나요? 그러면 거울 앞에서 소리 내어 연습을 해보세요. 노력한 만큼 무대 위에서 멋진 실력 발휘를 할 수 있을 겁니다.

5. EOB 구성

- **Example :** 사례나 구체적인 스토리를 먼저 말한다.
- **Outline:** 스토리를 정리한다.
- **Benefit:** 이 말을 왜 했는지에 대한 목적이나 주제를 언급한다.

예시

Example : 자신은 돈 한 푼 가진 게 없다며 법인세 30억 원을 체납해오던 임대업자 A 씨에 관한 뉴스기사를 보셨을 겁니다. 서울 서초동에 있는 시가 수십억 원대 고급 빌라에 살면서 수입차를 타고 다니고 골프를 즐기는 등 호화 생활을 하며 살고 있었는데요. 국세청이 결국 A 씨의 집을 수색해 보니 가방과 장롱에서 현금 2억 원의 돈뭉치가 발견됐다고 합니다. 이 돈뭉치도 가사도우미를 시켜 몰래 빼돌리려다 들켰다고 하네요.

Outline : 나 혼자만 잘 먹고 잘 살면 된다는 이기적인 마음은 고액의 세금을 체납하고도 양심의 가책을 전혀 느끼지 않게 만들었습니다. 겉과 속이 전혀 다른 이중생활을 하면서 사회의 부유층으로서의 도덕적인 의무를 다하지 않은 것입니다.

Benefit : 일부 고소득자와 부유층의 탈세 관련 불법 행위가 더 이상 부끄러운 우리의 자화상이 되지 않아야 한다고 생각합니다. '노블레스 오블리주'가 멋지게 실천되는 한국의 미래를 기대해 봅니다.

1

입말과 글말의 특성

2

입말과 글말의 예

3

입말로만 쓰이다가
표준어로 인정된 단어들

4

입말과 글말 연습하기

09장

입말과 글말

의사소통을 위해 쓰는 언어적 표현은 입말과 글말로 나뉜다. 입말은 구어체口語體를 말하며 글말은 문어체文語體를 일컫는다.

우리는 태어나면서부터 자연스레 입말을 먼저 배운다. 엄마의 목소리를 듣고 엄마의 입 모양을 보며 말을 시작하게 되고 입말이 익숙해질 무렵 언어를 문법적으로 표현하는 글말을 깨치게 된다. 굳이 공적인 것과 사적인 것으로 구분을 하자면 입말은 사적인 영역에 포함될 때가 많고 글말은 격식을 갖추고 문법에 맞게 형식적으로 표현한 말로써 공적인 영역에 포함되는 경우가 많다. 어렸을 적 할머니 무릎을 베고 누워 들었던 전래동화는 모두 입말에서 비롯되었다. 민요나 전래동요 역시 글로 표현되어 전해지는 것이 아니라 입에서 입으로 구전되면서 내용이 조금씩 바뀌기도 하였다.

하지만 학습 교육이 시작되면서 입말의 중요성은 점점 밀려났다.

글쓰기 위주의 교육 비중이 커지면서 글말에 더 익숙해진 것이다. 그래서 말을 할 때도 글말로 정리한 뒤 그대로 읽듯이 말하기 때문에 어색해지고 딱딱한 느낌이 든다. 글을 잘 쓰는 재주만큼 말을 잘하려면 입말에 익숙해져야 하고 글말을 쉽게 입말로 바꾸는 연습이 필요하다.

1

입말과 글말의 특성

입말의 가장 큰 특징은 다양한 표현이 가능하다는 것이다. 입말은 언어가 가지고 있는 의미 외에도 어조나 억양, 감탄음, 운율 등이 첨가되면서 같은 말도 다른 느낌으로 전달되게 하는 특징을 가진다. 따라서 입말에는 스피치의 비언어적인 요소들이 복합적이고 무한대로 포함될 수 있다. 하지만 글말은 언어에 따라 시각적인 문자와 문장 부호 등으로만 내용을 전달하기 때문에 다양성을 추구하기엔 어느 정도 한계가 있다. 또 입말만큼의 드라마틱한 효과를 내기도 어렵다.

한편 입말은 공간과 시간적인 제약을 크게 받는다. 말을 함과 동시에 사라지는 즉각성을 갖는다. 반대로 한번 쓰인 글은 시간과 공간을 초월해서 읽힌다. 수정과 교정을 거쳐 문서로 기록되기 때문에 영구성을 갖는다. 물론 입말도 녹음을 한다면 영구적으로 보관이 가능하지만 모든 입말을 보관해 활용해야 하는 상황이 드물다. 증거가 필요해서 녹취할 때를 제외하고는 굳이 입말을 녹음하는 경우는 많지 않다.

우리가 글이 아닌 말을 하는 이유는 친교 활동을 위해서일 때가 많다. 말을 할 때는 특정한 희로애락의 감정표현이 가능하기 때문에 글말보다는 더 정겨운 느낌이 있기 때문이다. 하지만 시대가 바뀌고 환경이 변하면서 입말은 유행을 따르듯 변하는데 요즘에는 SNS 메신저를 통해 입말을 그대로 글로 표현해 대화를 한다.

입말은 굉장히 진보적인 반면 글말은 보수적이다. 예를 들어 입말로 굳어진 단어가 표준어로 인정되기까지는 꽤 오랜 시간이 걸린다. 남녀노소 좋아하는 자장면의 경우를 보면 2011년이 돼서야 '자장면'을 이르는 입말인 '짜장면'이 복수 표준어로 인정되었다. 대다수의 국민들의 입에서 짜장면으로 통했던 그 이름이 표준어로 인정받기까지는 수 십 년의 세월이 걸린 것이다. 또 최근 생겨나는 신조어나 줄임말 등이 격식적인 글로 표현될 때는 잘 쓰지 않는 경우가 많다.

역시 표준어로 인정되지 않아서 문맥상 쓸 수 없는 단어가 대부분일 경우가 많다. 뒷부분에서 표준어로 새롭게 인정받은 입말에 대해서 다시 자세히 살펴보도록 하자.

	특성	입말	글말
①	정보전달의 수단	다양성	단순성
②	시간적 & 공간적 제약	순간성	영구성
③	친교성과 제보성의 관계	친교성 = 제보성	친교성 〈 제보성
④	말의 내용 구성	비논리성	논리성
⑤	언어의 격식 여부	비격식성	격식적
⑥	언어변화의 속도	진보성, 동태성	보수성, 정태성
⑦	의미해석의 관점	불분명성(모호성)	명시성
⑧	내용의 의미 해석	상황 의존성	문맥 의존성

표 9-1. 입말과 글말의 특성 비교

2 입말과 글말의 예

글말(문어체)은 되도록 정확하고 음운의 축약 없이 길게 쓴다. 하지만 입말은 길이가 짧다. 입말의 예를 살펴보자.

① 주어와 목적어 생략이 잦다.

"너 저녁은 좀 먹었니?"라는 표현에서 지칭어를 생략하고 "저녁은 좀 먹었니?"로 줄여서 말해도 의미 전달에는 전혀 문제가 없다. 심지어 "저녁은?"이라고만 물어도 충분하다. 실제로 입말은 이렇게 생략되고 짧게 표현된다.

② 조사의 생략이 잦다.

'나(는) 학교(에) 간다.'라고 글말을 썼다면 입말은 "나 학교 가."로 조사를 생략할 때가 많다. 하지만 의미 해석에는 전혀 문제가 없다.

예 제주도(로) 여행(을) 가자.
청소(를) 하는 친구
서울(에) 사는 내 친구(가) 온대요.
우리가 당신을 설득하는 데(에) 있어서 이 일의 성공 여부가 결정(이) 됩니다.

③ 일부 조사가 바뀐다.

흔히 편지를 쓸 때 서두에서 '누구에게'라고 시작하지만 입말에서는 '누구한테'라는 말이 더 자연스럽다. 또 초등학교 저학년 교과서에 자주 실리는 '철수와 영희가'도 실제로 입말에서는 '철수랑 영희가'가 더 익숙하다.

예 에게 → 한테/더러/보고
와/과 → 하고/랑

④ 입말에서는 '어미'가 복잡해진다. 입말의 특성인 다양성을 잘 보여주는 예이다.

'행복할까?'라는 의문형은 입말에서 여러 가지로 변형이 가능하다.

예 '행복할까?' → 행복할 텐데, 행복할 거야, 행복하겠지?, 행복한 걸, 행복하고 말고, 행복하단 말이야? 등

예 먹어라 → 먹어, 먹어야지, 먹었으면 좋겠어, 먹으면 좋을 텐데, 먹었으면 하네

⑤ 접속어와 지시어도 변형된다. 보통 글말의 접속어와 지시어는 딱딱하거나 형식적인 느낌이 강하다. 반면 입말의 접속어와 지시어는 친근하면서 말하기 편한 특징이 있다.

접속어

그러므로 → 그래서 / 그렇게 해서
그러나 → 하지만 / 그렇지만
그런데 → 근데
그리고 → 또
이리하여 → 이래서 / 이렇게 해서

지시어

이곳 / 저곳 / 그곳 → 여기 / 저기 / 거기
이것 / 저것 / / 그것 → 이거 / 저거 / 그거
이 아이 / 저 아이 → 얘/ 쟤

⑥ 입말은 생략이 많고 짧다.

이것은 / 이것을 → 이건 / 이걸
무엇 / 무엇이 / 무엇을 → 뭐 / 뭐가 / 뭘
하였다 / 되었다 → 했다 / 됐다

3

입말로만 쓰이다가 표준어로 인정된 단어들

2011년 흔히 아나운서나 방송인들만 쓰는 '자장면'을 이르는 입말인 '짜장면'이 복수 표준어로 인정되었다. 국립국어원은 일상에서 많이 쓰이지만 표준어로 인정받지 못한 39개의 단어들을 복수 표준이로 인정한 것이다. 표준어와 같은 뜻으로 쓰이지만 비표준어에 속했던 단어들도 포함되었다. 그밖에 표준어로 규정된 말과는 뜻이나 어감의 차이가 있었던 단어들도 복수 표준어로 인정하였다.

복수 표준어는 1988년 제정된 '표준어 규정'이 이미 허용한 원칙을 따라 이미 써오던 것과 추가로 인정된 것을 모두 교과서나 공문서에 쓸 수 있도록 하는 것을 말한다. 즉 같은 의미를 가진 두 가지 혹은 세 가지 단어가 모두 표준어가 되는 것이고 이것은 국립국어원에서 정한다. 대부분 이렇게 복수 표준어로 인정되는 경우는 국립국어원에서도 입말의 힘을 글말에서의 필요성으로 인정한 것이라고 볼 수 있다.

추가된 표준어(2011년 이후)	이전 표준어
간지럽히다	간질이다
남사스럽다	남우세스럽다
등물	목물
맨날	만날
묫자리	묏자리
복숭아뼈	복사뼈
세간살이	세간

추가된 표준어(2011년 이후)	이전 표준어
쌉싸름하다	쌉싸래하다
허접쓰레기	허섭스레기
흙담	토담
삐지다	삐치다
눈두덩이	눈두덩
꼬시다	꾀다
초장초	작장초
굽신	굽실
구안와사	구안돼사
마실	마을
찰지다	차지다
푸르르다	푸르다
-고프다	-고 싶다
걸판지다	거방지다
실뭉치	실몽당이
주책이다	주책없다
겉울음	건울음
꺼림직하다	꺼림칙하다
께름직하다	께름칙하다
추켜올리다	추어올리다
추켜세우다	치켜세우다

표 9-2. 새롭게 추가된 표준어

★★★★ 4

입말과 글말 연습하기

입말 연습문

다음 글을 읽고 자연스럽게 입말로 바꾸어 보자.

약용에 가까운 마늘의 항암 작용 및 심장병 예방 효능은 이미 잘 알려진 대로이다. 마늘의 특별한 효능은 마늘 고유의 냄새를 나게 하는 유황화합물인 알린과 또 다른 성분인 스코르디닌이란 성분 때문인데 알린 성분은 비타민 B1과 결합해 우리 몸에 흡수되기 쉬운 성분으로 바뀐다. 비타민 B1이 체내에 많이 흡수되기 어렵기 때문에, 이러한 성분이 함유된 마늘을 상용하는 것이 활성 비타민 섭취에 도움이 된다. 특히 쌀밥 위주의 식생활을 하는 우리에게 마늘은 결핍되기 쉬운 비타민을 보급해주는 창고였다. 스코르디닌이란 성분은 우리 몸에 강장 효과를 나타내 허약 체질 극복에 도움을 준다.

– 출처 – 네이버 음식백과

입말로 바꾼 예시

마늘 다들 좋아하시나요? 한국인들에게 마늘은 빼놓을 수 없는 식품인데요, 마늘 섭취만 잘해도 항암 작용이나 심장병을 예방하는 데 효과적이라고 합니다. 이런 효능은 마늘 속에 있는 냄새를 나게 하는 유황 화합물인 알린과 스코르디닌이란 성분 때문인데요. 이 알린 성분이 비타민 B1과 결합해서 우리 몸에 흡수되기 쉬운 성분으로 바뀌는 거죠.

쌀밥을 위주로 먹는 한국인에게는 결핍되기 쉬운 비타민을 보급해주는 역할을 톡톡히 합니다. 스코르디닌이란 성분은 우리 몸에 강장 효과가 있어서 허약 체질 극복에도 도움이 된다고 하니까요. 몸에 좋은 마늘! 맛있게 요리해서 건강하게 즐겨보시는 것은 어떨까요?

예시 글말 1

뉴스 원고 입말 바꾸기

봄의 불청객 황사와 미세먼지가 우울증을 유발해 자살위험을 높인다는 연구 결과가 나왔습니다. 삼성서울병원 연구진이 지난 6년간의 자살 사례를 분석한 결과 미세먼지가 심한 주에 자살률이 3.6% 증가하였으며 미세먼지가 심한 날에는 자살위험이 10% 높았고, 심장병을 앓는 사람은 19% 증가했습니다.

이 같은 연구결과는 미세먼지가 혈액에 녹아 뇌로 올라가면서 염증반응을 일으켜 기분을 조절하는 신경전달물질인 세로토닌 분비에 영향을 미치기 때문으로 분석됩니다.

따라서 연구진은 미세먼지가 심장병이나 호흡기 질환 같은 만성 질환의 증상을 악화시키며 우울증을 유발할 수도 있다고 밝혔습니다.

미세먼지가 심한 날에는 외출을 삼가고 실내에 있을 때는 창문을 닫아 미세먼지 유입을 차단해야 하고 외출을 할 때는 황사 마스크를 꼭 착용해야 합니다.

입말 답안 1

예시 글말 2

글 자료를 입말로 바꾸기

건강Health은 생존의 조건이자 행복의 조건이다. 건강하지 않은 상태일 때 어떤 호조건에서도 편안한 삶을 살 수 없기 때문이다. 건강함의 특성으로는 생명 유지에 불안감이 없는 것은 물론 다양한 외부 환경에 적응할 수 있는 상태이다.

입말 답안 2

1 자기소개의 유형

2 자기소개의 구성

3 자기소개 내용 예시

4 자기소개 실전 준비

5 자기소개 시 유의점

10장

자기소개

자기소개는 가장 일반적이고 기본적인 스피치다.

주로 진학이나 구직을 위한 면접 과정에서 자신을 PR하는 목적으로도 활용되고 동호회 모임이나 사회단체 가입을 위한 새로운 만남의 자리에서 친교의 기능을 한다. 또 때로는 비공식적인 자리에서 다수가 아닌 소수, 혹은 한두 명의 청중에게 비형식적으로 자기소개를 할 경우도 있다. 자기소개는 이렇게 상황에 따라 목적과 준비과정이 달라지는 데 이 장에서는 설득의 목적이 있는 자기소개 스피치에 대하여 자세히 살펴보겠다.

고등학교나 대학교, 대학원의 진학을 위한 면접 과정에서는 1분 자기소개가 꼭 필요하다.

특히 취업 면접의 경우는 자기소개가 입사 당락 결정에 중요한 영향을 미친다. 면접 시 자기소개는 정보제공과 PR 목적을 동시에 가지고 있다. 즉 지원자가 어떤 사람인지를 말하는 과정에서 지원자의 특정한 이미지를 면접관에게 각인시키고 회사에 꼭 필요한 인재라는 것을 어필하는 것이다. 이런 이유로 자기소개 내용의 구성뿐만 아니라 비언어적인 스피치 요소와의 균형도 잘 살펴야 한다. 지금부터 목적에 맞는 자기소개 준비법과 자기소개 작성법 그리고 비언어적인 요소를 결합한 실전 연습으로 나눠 자세히 알아보자.

1 자기소개의 유형

1. 진학 목적의 자기소개 준비 요령

대학이나 대학원 지원, 특목고 지원, 예체능 계열 고등학교 지원

진학의 목적이 있는 자기소개에서 가장 중요한 점은 자신이 지원하는 전공 분야와 자신의 적성이 잘 부합하는지에 중점을 맞추는 것이다. 또 자신의 자질과 능력을 PR하는 것도 중요하지만 진학 이후에 자신이 얼마나 성실한 학생으로서 수업에 임할 것인지 진학 이후의 포부에 대하여 꼭 언급하여야 한다. 과거의 성취에 집중하는 것보다는 앞으로의 발전 가능성을 제시하는 것이 좋기 때문에 진학 후 학업에 대한 구체적인 계획을 이야기해야 한다. 더불어 자신의 적성과 흥미만 강조하기보다는 인성과 가치관도 드러나면 좋다.

자기소개의 내용을 준비하는 과정은 진학하는 학교에 대해 정보를 수집하는 것에서부터 시작한다. 학교의 교훈이나 교가, 교목 등은 꼭 알아두고 학교가 추구하는 인재상과 이미지를 먼저 파악한 뒤 자기소개 내용을 구성하는 것이 좋다. 진학 학교에서 추진 중인 사업 등도 신문기사를 통해 미리 알아둘 필요가 있다. 또 전공과목의 교과과정이나 개설강좌와 교수님에 대한 정보도 찾아보고 졸업 선배들의 활동에 대해서도 눈여겨 살펴볼 필요가 있다.

2 ★★
자기소개의 구성

자기소개의 구조를 짤 때도 기본적으로 서론과 본론 결론의 논리적인 흐름 안에서 세부적인 구성을 만들어가야 한다. 앞서 살펴본 O-B-C 구조 속에서 어떠한 전개 방식으로 자기를 소개할 것인지 생각해 보아야 한다. 자기소개의 구성는 크게 서사식 구성과 스토리텔링으로 나눌 수 있다.

1. 서사적 구성

서사적 구성은 자신의 과거 경험이나 사건들이 성장 과정에 따라 어떠한 변화를 겪으며 지금의 모습이 되었는지를 시간의 흐름에 따라 글을 전개하는 방식이다. 주로 육하원칙 중 '무엇'에 중점을 두는 것이 중요하다. 특정한 사실이나 경험에 따른 사건을 중심으로 자신을 소개하는 것이다. 서론은 어린 시절(과거)의 성장 과정을 주로 다루고 본론에서는 지금의(현재) 자질과 장점을 어필하며 결론에서는 지원 목적에 따라 앞으로의(미래) 포부를 밝히면 된다. 서사적 구성은 시간의 흐름에 따라 변화된 모습을 보여줌으로써 진솔한 자기소개를 할 수 있다는 장점이 있다.

서론		본론		결론
어린 시절의 나 (성장 배경)	→	현재의 나 (경험, 사건, 장점)	→	미래의 나 (포부, 비전)

2. 스토리텔링 구조

스토리텔링 구성은 의미 그대로 이야기story를 말하는telling 구성 방법이다. 즉 시간의 흐름에 따라 서술하는 서사적 구성과는 달리 경험을 중심으로 이야기를 풀어내는 구조를 말한다. 최근에는 에피소드에 따라 구성을 하고 스토리텔링으로 말하는 지원자들이 많다. 스토리텔링 구성이라고 해서 무작정 구구절절 이야기 형태로 말하는 것은 아니다. 경험에 대한 이야기를 중심으로 깨달은 점이나 그 일을 통해 달라진 자신에 모습에 의미를 부여하는 것이 중요하다. 무엇보다 지원하고자 하는 회사나 업무와 연관이 되도록 구성해야 한다. 스토리텔링은 지원자들이 비슷한 장점을 말하더라도 좀 더 차별화된 느낌을 줄 수 있다.

서론	1~2문장으로 자기소개 :
본론	에피소트 1 : 스토리 텔링 - 객관적 정보 제시
	에피소드 2 : 스토리 텔링 - 객관적 정보 제시
	에피소드 3 : 스토리 텔링 - 객관적 정보 제시
결론	미래에 대한 계획, 비전 :

3 ★★★

자기소개 내용 예시

① 전공이나 직무 관련 유사 경력이나 경험이 부족할 때

본인이 경험하지 않은 사실을 만들어 쓸 수는 없다. 그렇다면 지원자 본인이 자라온 과정(성장 과정)에서 '의미 있는 경험'을 이야기하고 지원하는 직무와 연결해 자기소개를 준비하자.

자기소개 내용 : 성장 과정 + 경험담 + 느낌 + 포부

예시

무역을 전공한 저는 대학 시절 교환학생, 동아리 등 다양한 대외활동을 통해 세상과 교류해 왔습니다. 중국에서의 교환학생 시절에는 유럽 친구들과 함께 공부하고 아프리카 라이베리아 룸메이트와 살며 저의 지도를 넓혔습니다. 대학교 3학년 때에는 'Table 9'이라는 토론 동아리를 만들어 활동했는데 다양한 전공 학우들과의 토론은 제가 한계에 부딪힐 때마다 돌파구를 제시해 주었고 자신감을 갖고 토론을 이끄는 저의 모습에서 당당함과 성취감도 느꼈습니다.

저는 대학 4년 내내 전 학기 장학금을 받으며 전공 공부에 매진하였고 국제무역사를 취득했습니다. 또 KOTRA 북경무역관 인턴과 무역협회 양성사업단 활동을 통해 실제 시장을 경험해 봤습니다. 저의 풍부한 무역 지식은 전 세계를 무대로 하는 플랜트 산업에서 뛰어난 구매 전문가로 성장하는 데 탄탄한 바탕이 되어줄 것입니다.

– 현대엔지니어링 신입사원 P 양

② 직무 관련 유사 경험이 있을 때

전공이나 직무와 관련 있는 경험을 말하고 그 경험을 통해 이뤄낸 성과를 언급한다. 단 성과에서 그치지 말고 성과를 통해 어떤 것을 깨달았는지 언급하면 좋다. 그리고 마지막으로 전공·직무와 다시 연결해서 포부로 마무리 지으면 좋다. 포부는 구체적일수록 더 진정성 있게 보인다.

자기소개 내용 : 경험 + 성과 + 느낌 + 포부

예시

안녕하십니까? 마음을 들어 주는 지원자 ○○○입니다. 저는 군 복무 시절 '힐링캠프'라는 곳에서 근무했습니다. 군대 내에 있는 힐링캠프는 군 생활이 맞지 않거나 자살 시도한 적이 있는 장병들이 오는 곳으로 저는 이곳에서 자살을 시도한 적이 있는 장병들을 돕고 관리하는 업무를 맡았습니다. 이곳에 오는 장병들 대부분이 힘든 가정사가 있거나 낮은 자존감으로 인해 군 생활에 적응을 못하고 정신적인 고통을 호소하고 경우였습니다. 비록 자살을 시도했지만 그들은 더 행복한 삶을 꿈꾸고 있다는 것을 그들과의 상담을 통해 알게 되었습니다. 그곳에 온 장병들은 저와 함께 한 힐링캠프를 통해 위로 받았고 더 이상의 자살 시도를 막을 수 있었습니다. 퇴소 이후 군 생활에 잘 적응하는 모습은 오히려 그들이 제게 큰 선물을 준 경험입니다.

제가 가지고 있는 의사소통과 대인관계 역량으로 정신건강 분야에서 듬직한 사회복지사가 되고 있습니다. 마음을 들어주는 사회복지사가 되어 ○○정신건강복지센터에서 자살 예방사업을 통해 자살 고위험군의 울타리로서 든든한 조력자가 되고 싶습니다.

4 ★★★★

자기소개 실전 준비

1. 브레인스토밍

가장 먼저 자신에 대해서 브레인스토밍을 하자. 브레인스토밍은 단어 뜻 그대로 생각의 폭을 넓혀나가는 것이다. 나 자신을 소개하기 위해 나에 대한 모든 것을 단어로 표현해 보자. 성격의 장단점, 취미, 특기, 어린 시절 등부터 출발해서 자신의 특이한 경험이나 기록과 기억에 남는 기억 등 과거 살아왔던 발자취를 기록해 보자. 평범한 것들보다는 남들과는 다른 것을 찾아내는 것이 포인트이며 진부하지 않고 구체적이어야 한다.

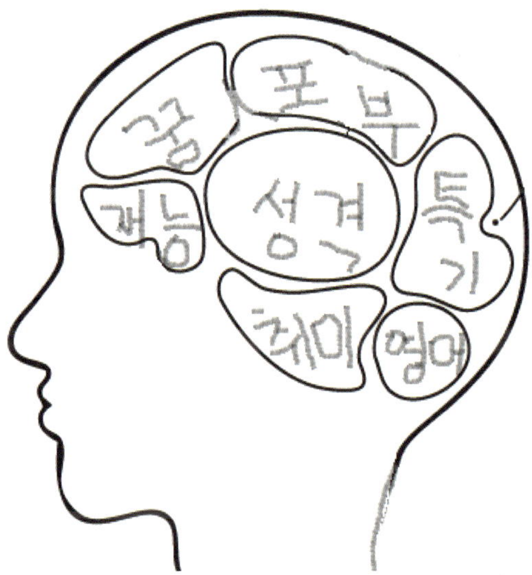

그림 10-1 브레인스토밍

브레인스토밍 이후 지원 목적에 맞는 나 자신의 강점과 부족한 점을 먼저 간단하게 써 보자. 강점은 적어도 5가지 정도를 채우고 부족한 점은 2~3가지 정도면 충분하다. 부족한 점을 이야기할 경우 부족한 부분을 채우기 위해 앞으로 어떤 노력과 개발을 통해서 변화시킬 것인지를 생각해서 메모해 두자.

그런 다음 강점을 아래의 표처럼 카테고리로 묶어보자. 자신의 강점에 대하여 메모한 내용 가운데 적성과 흥미에 연관된 내용, 실무능력과 자질에 해당하는 카테고리로 크게 묶어서 분류해 보는 것이다. 그리고 각각의 내용이 지원직무에서 필요로 하는 자질과 어떻게 연관이 되는지를 메모한다. 내가 꼽은 장점과 직무가 요구하는 자질이 자연스럽게 연결된다면 자기소개 내용으로 적합하다.

나의 강점	나의 부족한 점

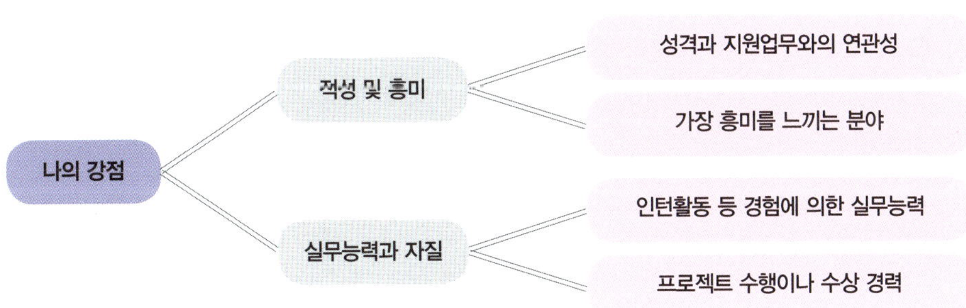

그림 10-2. 나의 강점 찾기

2. 나를 표현하는 명사와 형용사 찾기

나를 잘 나타낼 수 있는 명사와 형용사를 찾아보자. 물론 이 단어들은 지원 분야에 맞게 자신의 장점이 잘 나타나거나 독특하고 개성 있는 이미지를 표현해 줄 수 있으면 좋다. 이왕이면 식상하지 않은 단어를 찾아 자기소개 오프닝으로 활용해보자. 너무 튀지 않으면서도 시선을 끌 수 있는 한 문장을 만들어야 한다.

3. 자기소개 글쓰기

자신을 잘 표현하는 단어로 한 문장의 오프닝을 만들었다면 이제 본격적으로 자기소개 본론 부분을 글로 써 보자. 위에서 살펴본 것처럼 서사적 구성안에 내용을 채워도 좋고 에피소드를 이야기처럼 풀어서 구성해도 좋을 것이다. 단 주의할 점은 본인의 생각이나 의견 위주로 쓰는 것이 아니라 경험과 사실, 구체적인 예시를 들어 신빙성을 높여야 할 것이다.

4. 글말을 입말로 바꾸기

1분 자기소개 분량은 대략 A4 용지의 반 정도이다. 너무 긴 자기소개는 심사위원을 자칫 지루하게 만들 수 있고 30초 정도로 짧은 자기소개는 성의 없는 자기소개처럼 보일 수 있다. 적어도 연결문장을 포함해 10문장 이상이 되도록 구성해보자. 자기소개를 먼저 글로 쓴 다음 소리 내어 말하듯이 읽어보자. 부자연스럽다면 문어체가 없는지 살펴보고 구어체로 바꾸는 작업을 해야 한다. '-습니다.'로만 어미가 끝나게 되면 군대식 말투처럼 딱딱해 보이기 때문에 '~했는데요, ~습니다.'를 적절하게 사용하여 종결어미를 만들자.

5. 자기소개 연습하기

입말로 바꾼 자기소개는 시간을 측정하며 실전처럼 연습해 보자. 적절한 포즈를 두어 전달력을 높여야 한다. 무엇보다 경직되거나 암기된 내용을 읽는 듯한 느낌이 들지 않도록 비언어적인 요소- 자세, 표정, 눈 마주침, 손동작 등을 적절하게 사용하며 연습해 보도록 한다.

자기소개 예문

안녕하십니까? 에스컬레이터를 거꾸로 올라온 남자 ○○○입니다.

내려가는 에스컬레이터를 거꾸로 올라가려면 뛰어야 올라갈 수 있겠죠? 저는 보험영업이라는 에스컬레이터를 거꾸로 올라간 경험이 있습니다. 연봉 1억이라는 목표를 달성하기 위해서 아침 7시 이전에 출근하고 밤 11시 이후에 퇴근하는 '세븐 투 일레븐'을 단 한 번도 거르지 않았습니다. 그 결과 최연소 연봉 1억 MDRT 멤버가 될 수 있었습니다.

하지만 고액에 연봉보다 더 값진 경험은 성실함과 꾸준함으로 노력한다면 올라갈 수 있다는 경험이었습니다. 이 깨달음을 가슴 속 깊숙이 새기고 현대홈쇼핑을 성실함과 꾸준함으로 뛰어 올라가는 쇼호스트가 되겠습니다. 노력하는 지원자 늘 겸손한 쇼호스트가 되겠습니다.

– 현대홈쇼핑 합격자 K 군

자신을 표현하는 키워드로 '에스컬레이터'를 이용하였다. 시작은 노력하는 모습을 한 문장으로 표현하면서 역동적인 이미지를 나타냈고 본론 부분에서는 자신이 시작 문장에 에스컬레이터라는 단어를 쓴 이유를 그동안의 경험과 자질의 내용으로 근거를 제시하였다. 두 번째 문단에서는 핵심 키워드로 성실성과 끈기를 선택해 강점으로 표현하였다. 그리고 노력하는 쇼호스트가 되겠다는 미래의 이야기도 담았다.

자기소개의 내용도 참신하였지만 자기PR를 하는 동안 웃는 미소와 적절한 제스처를 써가며 자연스럽게 방송인의 자질과 이미지를 보여준 사례다. 진솔한 경험을 자기소개에 명시함으로써 신뢰성을 높일 수 있었고 그 결과 최종 합격의 기쁨을 누린 경우이다.

자기소개 예문

한번 보고 두 번 보고 자꾸만 보고 싶네. 어느 동네 뉘 집 딸인지 자꾸만 생각나네.

채널을 사로잡는 미인, 아나운서계의 팔방미인이 되겠습니다. 팔방미인으로 4행시 준비했습니다.

팔 : 팔팔한 나이에 가수의 꿈을 안고 연영과에 입학했습니다. 가수는 되지 못했지만 연기를 전공하며 아나운서에게 필요한 연기력과 표현력을 배웠습니다. 또 여러 번의 연극 무대에 오르면서 돌발상황에 대처하는 능력과 노련함도 배웠습니다.

방 : 방송경력은 없습니다. 그러나 감사합니다. 1년 정도 검진센터에서 일하면서 소통과 화합을 배웠고 한 분의 검진을 위해 여러 파트와의 합이 정말 중요하다는 걸 느끼며 협동심도 키웠습니다.

미 : 미래의 ○○방송에서 믿고 내세우는 딸 같은 아나운서, TV를 시청하시는 부모님들껜 반가운 딸 같은 존재로 모든 분의 국민 딸이 되겠습니다.

인 : 인생 최고의 기회를 잡아 ○○방송에서 커가는 자랑스러운 딸, 예비 아나운서 ○○○입니다.

– 아나운서 지망생 L 양

자신의 특기를 살려 자기소개 앞부분을 노래로 시작하였다. 그리고 시작은 팔방미인이라는 단어를 키워드로 채널을 사로잡겠다는 포부도 함께 제시하였다. 4행시로 '팔방미인'이라는 단어에서 '팔'과 '방'은 자신의 자질을 에피소드로 연결시켜 자연스럽게 표현하였다. '미'와 '인'은 앞으로 아나운서가 된 이후의 자신의 모습과 포부가 나타나 있는데 역시 과장되지 않게 표현하였다. '팔망미인'이라는 곧 모든 국민의 딸이 되겠다는 각오로 이어지면서 자신의 강점을 어필한 경우이다.

자기소개 예문

토목 현장의 백호 같은 존재로 흥우산업에 꼭 필요한 일꾼, 지원자 000입니다.

대학 시절 아버지 밑에서 쌓은 건설 현장의 경험, 강인한 체력과, 끈기 제가 가진 가장 큰 자산입니다. 저의 생활신조 without haste but without rest처럼 배움에 있어서 서두르지도 쉬지도 않겠습니다. 끊임없는 자기 개발로 더 나은 내일은 맞이하는 사원이 되겠습니다. 저의 이 열정을 흥우산업이라는 이름표를 달고 펼치고 싶습니다.

현재 건설업체는 축소된 발주물량과 자재비, 인건비 상승으로 인한 수익성 악화로 치열한 경쟁의 한복판에 서 있습니다. 이러한 건설 현장 속에서 제가 귀사에서 할 수 있는 일은 토목기사로서 원가절감에 노력하는 것입니다. 현장에서 원가절감을 위해 시공관리, 품질관리, 공정관리뿐만 아니라 최우선시 되는 안전관리를 통해 원가절감에 최선을 다하겠습니다.

흥우산업에서 최고의 인재가 되겠다는 이념으로 귀사의 성장에 이바지하겠습니다.

– 흥우산업 신입사원 K군

자기소개의 내용을 크게 두 단락으로 나누었다. 첫 번째 단락은 자신에 대한 소개이며 자신의 경험과 성격 그리고 미래에 대한 포부가 담겨 있다. 두 번째 단락은 입사 후 어떤 사원이 될 것인지를 구체적인 문제해결 방식을 제시하였고 마지막 한 문장은 자신의 신념과 각오를 다시한번 강조하였다. 군더더기 없는 표현과 꾸미지 않은 솔직함이 진실된 이미지를 잘 보여주었으며 자신만의 PR로 포장된 자기소개가 아닌 지원 직종에 대한 비전을 제시하였다는 특징이 있다.

자기소개 예문

안녕하세요? 통솔력 있는 크리에이티브 디렉터가 싶은 지원자 000입니다.

저는 예술고등학교로 진학하면서 다양한 예술 분야를 접하게 되었습니다.

특히 쇼에 흥미가 많았는데 그중에서도 무대 위에서 가장 화려하게 보이는 모델에 관심이 많아서 여러 패션쇼를 보며 모델에 대한 꿈을 키웠습니다. 하지만 모델은 단순히 연출자의 생각을 몸으로 표현해내는 직업이었고 저는 무대 뒤의 사람들을 보면서 연출과 기획에 따라 쇼가 달라짐을 느끼게 되었습니다.

그러면서 자연스레 연출과 기획 쪽에 더 관심을 갖게 되었습니다. 제가 생각하는 연출은 아티스트의 생각을 무대 위로 신나게 표현하는 행위라고 생각합니다. 그래서 저 또한 연출자나 감독처럼 생각을 표현하며 더욱 창조적인 연출자가 되고 싶습니다. 상명대학교 영화영상학교에서 저의 꿈을 펼칠 도약을 하고 싶습니다.

– 상명대학교 영화영상학과 합격 L 양

자신의 장래 희망에 대한 비전을 자기소개 전반에 제시하였다. 예술고등학교로 진학하면서 패션모델을 꿈꿔왔지만 연출 전공으로 진로가 바뀐 계기를 자기소개에서 설명하였다. 자신의 장점이나 자질을 드러내지는 않았지만 참신한 아이디어로 자신이 생각하는 연출자의 자질과 직업관을 제시하며 미래에 대한 포부를 마지막에 강조하였다. 마지막에는 본인이 생각하는 직업관을 제시하였고 자신의 대학 졸업 후 미래 성공적인 연출가로서의 가능성을 자신감 있게 표현한 자기소개이다.

자기소개 예문

안녕하십니까? 성실한 끈기와 따뜻함을 가지고 있는 지원자 ○○○입니다.

'페이스 오브 코리아'라는 대회에서 한국 대표 타이틀을 받고 교내 예술제에서 2년 동안 메인 모델로 무대에 서며 꿈과 가능성을 함께 키웠습니다. 3년 내내 학급임원으로 리더십을 인정받았고 미술과 체육을 좋아하는 저는 풍부한 상상력을 바탕으로 몸을 표현하는 다양한 포즈 연출을 잘 하며 표정도 풍부합니다.

저는 에너지 넘치고 적극적인 모델 거기에 만족하지 않고 항상 도전하고 노력하는 승부욕 강한 모델이 되겠습니다. 이런 포부를 가진 저의 미래가 궁금하지 않으십니까? 앞으로 4년 동안 저의 발전을 꼭 지켜봐 주시기 바랍니다.

– 동덕여대 패션모델과 합격 K 양

자신을 성실한 끈기와 따뜻함을 가진 지원자로 표현하며 오프닝을 열었다. 패션모델이라는 화려함보다는 기본 인성에 중점을 두는 시작이 안정감 있는 자기소개를 만들어 주는 느낌이다. 그리고 구체적인 수상 경력과 모델 활동 경력을 말하면서 신뢰도를 높였고 자신의 끼와 자질을 좋아하는 과목과 연결하였다.

고등학생다운 자기소개로 과장되게 꾸미지 않아 참신함을 가지고 있으며 대학 입학 후 포부에 대해서는 '도전'과 '승부욕'이라는 단어를 사용하면서 성인이 된 이후 모델로서 강인함과 열정을 드러냈다. 그리고 자신의 미래에 대한 모습을 오히려 면접관이 생각해 볼 수 있도록 의문형의 문장을 쓴 것도 참신하다. 몇 번의 퇴고로 준비한 자기소개가 빛을 발하며 동덕여대의 멋진 새내기 대학생이 되었다.

5 ★★★★★

자기소개 시 유의점

- □ 남들과는 다른 나만의 강점을 잘 찾는 것이 중요하다.
- □ 자신이 추구하거나 꾸며낸 자기 모습이 아니라 솔직한 자신의 모습을 담아야 한다.
- □ 은유, 비유 등의 표현을 너무 많이 써서 추상적인 자기소개가 되면 안 된다.
- □ 많은 장점과 경험을 나열하지 말고 핵심 키워드를 만들어 압축하자.
- □ 문어체는 되도록 구어체로 바꾸자.
- □ 자연스러운 말투로 호감 가는 이미지를 만들 수 있게 충분한 연습을 하자.

1분 자기소개 평가 항목 리스트

1. **1분 자기소개의 내용이 본인이 누구인지에 대한 정보를 구체적으로 제시하는가?**

① 그렇다 ② 보통이다 ③ 그렇지 않다.

2. **1분 자기소개의 내용이 목적과 잘 부합하는가?(지원 업무, 지원 전공 등)**

① 그렇다 ② 보통이다 ③ 그렇지 않다.

3. **1분 자기소개의 내용이 추상적이거나 모호하지 않고 구체적이며 독창적인가?**

① 그렇다 ② 보통이다 ③ 그렇지 않다.

4. **1분 자기소개의 내용이 O-B-C구조에 맞게 잘 짜여 있는가?**

① 그렇다 ② 보통이다 ③ 그렇지 않다.

5. **1분 자기소개의 내용에 자신의 포부, 각오, 비전이 결론에 잘 담겨 있는가?**

① 그렇다 ② 보통이다 ③ 그렇지 않다.

6. **1분 자기소개 시 목소리의 크기와 톤의 높낮이는 적절한가?**

① 그렇다 ② 보통이다 ③ 그렇지 않다.

7. **1분 자기소개를 할 때 정확한 발음을 구사하는가?**

① 그렇다 ② 보통이다 ③ 그렇지 않다.

8. **1분 자기소개를 할 때 목소리의 톤에 진실성과 진정성이 담겨 있는가?**

① 그렇다 ② 보통이다 ③ 그렇지 않다.

9. **1분 자기소개를 할 때 호감가는 미소로 면접관들과의 아이콘택트를 적절히 하고 있는가?**

① 그렇다 ② 보통이다 ③ 그렇지 않다.

10. **1분 자기소개의 전달력을 향상시키기 위한 리듬 스피치를 하고 있는가?**

① 그렇다 ② 보통이다 ③ 그렇지 않다.

1 첫인상을 결정짓는 심리적 법칙

2 첫인상을 결정하는 얼굴 특징

3 면접의 정의와 중요성

4 면접의 종류

5 실전 면접 준비

6 면접의 외적인 요소 가꾸기

7 면접 스피치 노하우

8 면접 질의응답 실전 연습

11장
첫인상과 면접

사람의 첫인상이 결정되는 데 얼마만큼의 시간이 걸릴까?

연구자마다 3초의 법칙, 7초의 법칙 등 다양한 결과를 제시하였는데 미국 펜실베니아 대학교 심리학과의 잉그리드 올슨 교수의 연구 결과에 따르면 0.13초 만에 상대방에 대한 호감도를 결정할 수 있다는 연구 결과를 발표했다. 또한 프린스턴대학교 심리학 연구팀은 타인의 얼굴을 보고 매력이나 호감도 그리고 신뢰도에 대한 판단을 하는 데 드는 시간을 조사했다. 조사 결과 사람들은 처음 본 사람에 대해서 불과 0.1초 만에 매력이나 호감도, 신뢰도, 능력과 공격성 등을 평가했고 이것은 1초 뒤에 내린 결론과도 별 차이가 없었다고 한다. 그동안 첫인상을 결정하는 데 걸리는 시간이 3초 또는 7초 정도라는 연구 결과와는 달리 사람들의 인지 능력이 발달해 정말 눈 깜짝할 시간이면 첫인상을 결정지을 수 있다는 것이다.

여기에 목소리로 인한 내면적인 인상까지 결정하기까지는 불과 6초 정도면 충분하다는 연구도 있다.

영국의 가장 위대한 명작 가운데 하나로 손꼽히는 제인 오스틴의 소설 '오만과 편견'Pride and Prejudice 역시 처음 소설이 완성되었을 때의 제목은 '첫인상'이었다. 오만과 편견을 만드는 첫인상이 사람이 일생을 살아가는 데 얼마나 중요한 것인가를 이야기로 보여준 경우이기도 하다.

1 첫인상을 결정짓는 심리적 법칙

메라비언의 법칙에서는 시각적인 요소가 차지하는 비중이 가장 높다고 하였다. 첫인상을 결정하는 요인 3가지는 첫 번째 청각적 요소, 두 번째 시각적 요소, 세 번째 언어적 요소이다. 청각적 요소는 목소리며 시각적 요소는 손짓, 표정, 태도, 눈맞춤, 외모, 복장 등을 뜻한다. 마지막으로 언어적 요소는 말의 내용을 의미한다. 메라비언 교수의 연구에 따르면 말을 할 때의 전달력은 요인이 55%, 청각 38%, 내용 7%로 시각적인 요인의 중요도가 월등하게 차이가 난다는 것을 알 수 있다.

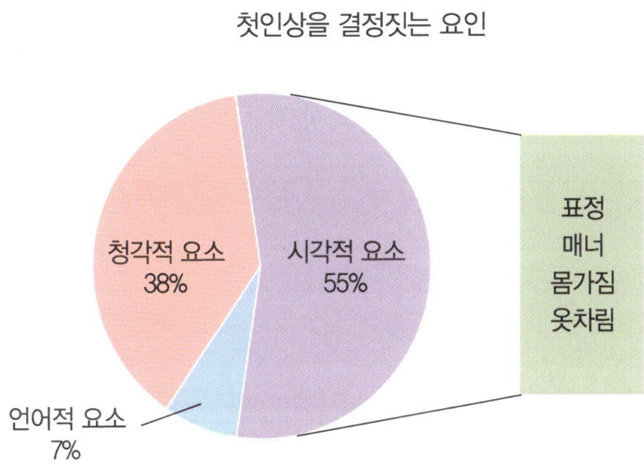

그림 11-1. 메라비언의 법칙(Law of Mehrabian)

면접에서 첫인상은 합격과 불합격을 좌지우지할 만큼 영향력이 있다. 짧게는 5분, 길어도 10분 정도의 짧은 시간 동안 이뤄지는 면접에서 면접관은 지원자에 대해 많은 것을 알 수 없다. 이런 이유로 면접에서는 첫인상 대한 호감도가 중요하다는 것이다. 첫인상과 관련된 심리학적인 법칙들을 알아보자.

1. 초두효과

처음 제시된 정보가 나중에 제시된 정보보다 기억에 더 큰 영향을 주는 현상을 말한다. 미국 캘리포니아대학교의 노만 앤더슨Norman Anderson, 1965이 제시한 이론으로 어떤 사람에 대한 정보가 시간 간격을 두고 상반되게 주어지면 앞에 제시된 정보가 뒤에 제시된 정보보다 첫인상 형성에 더 큰 영향을 미친다는 것이다. 이 효과는 첫인상의 중요성을 잘 설명해 주는 심리학의 기초이론이다. 대인관계에 있어서 첫인상이 중요하다는 것을 또 한 번 강조해 주는 이론이며 한번 나쁜 인상을 심어주면 그것을 만회하기가 쉽지 않다는 것을 잘 설명해 준다.

2. 맥락효과

처음에 제시된 정보가 나중에 알게 된 새로운 정보들의 처리 지침을 만들고 그 정보의 속성에 따라 서로 연관되게 생각하려는 현상을 가리키는 용어이다. 즉 처음에 긍정적인 정보를 얻었다면 이후에도 같은 대상에게는 긍정적으로 생각하려는 경향이 있다는 것이다. 첫인상에서도 중요하게 적용되는 효과로 첫인상이 좋았다면 이후에 그 사람의 행동도 좋게 보이고 또한 그렇게 보려고 하는 경향이 있다는 말이다. 예를 들어 상대에게 지적이고 똑똑한 이미지의 첫인상을 받았다면 이후에도 웃어른을 잘 공경하고 솔선수범하는 등의 긍정적인 사람으로 평가하려는 경향이 있다는 것이다. 첫인상이 좋았던 사람이 당당한 행동을 한다면 자신감 있는 것으로 생각되지만 첫인상이 별로 좋지 않았던 사람에게는 '거만함'으로 여질 수도 있다. 또 부지런한 사람이 머리가 좋으면 지혜롭다고 여기지만 이기적인 사람이 똑똑하다면 교활한 것으로 해석되기도 한다. 첫인상에서 받은 인상에 대한 느낌을 계속 같은 맥락에서 판단하고 연관시킨다.

3. 후광효과

어떤 사람을 평가할 때 그 사람에게 긍정적으로 두드러진 특징이 있다면 그 사람의 다른 것들도 좋게 보인다는 것이다. 반대로 현저하게 나쁜 특징이 있으면 그 사람의 모든 것을 나쁘게 평가하는 경향이 있는데 이것을 후광효과라 한다. 미국 미시간 주립대학교의 길버트 해럴Gilbert Harrell교수가 정의한 이론으로 앞서 맥락효과와 비슷한 개념인데 시각적인 요소에 더 큰 영향을 받는다. 예를 들어 얼굴이 잘생긴 사람이 성격도 좋고 똑똑하며 매너도 좋을 것이라고 느끼는 것은 후광효과에 의한 평가라고 볼 수 있다. 인기 절정의 연예인을 광고 모델로 내세우는 이유 역시도 연예인의 후광효과 때문으로 볼 수 있다. 한편 특정 연예인이 사회적 물의를 일으키면 그 광고를 중단하거나 모델을 교체하는 것도 같은 이유이다. 따라서 첫인상이 좋게 형성이 되었을 때는 어느 정도의 후광효과를 기대할 수 있다.

4. 최신효과

사람들은 한정된 시간과 공간에서 제시된 일련의 정보 중에서 가장 나중에 제시된 정보를 다른 정보에 비해 더 잘 기억해 내는데 이것을 최신효과라 한다. 탬플대학교의 심리학 교수인 로버트 라나Rovert Lana, 1961의 연구에 따르면 메시지의 내용이 자신에게 친숙할수록 초두효과가 나타나며 새로운 정보에 관한 메시지의 경우에는 최신효과가 나타난다고 하였다. 따라서 면접에서는 가장 중요한 포인트가 되는 자신의 정보를 처음에 제시한 뒤 반전을 줄 수 있는 내용은 면접의 마지막에 던지는 것도 하나의 방법이 될 수 있다. 따라서 가장 중요한 정보는 초두에 제시하거나 아니면 가장 최신의 정보가 되도록 마지막에 이야기하면 좋다.

5.관용효과

사람들은 일반적으로 다른 사람의 인상을 평가할 때 부정적인 평가보다는 긍정적인 평가를 하는 것을 더 좋아하고 그러한 경향을 '인물 긍정성 편향'이라고 한다. 또한 미국의 유명한 동화에 나오는 낙천적이고 긍정적인 성격의 여주인공의 이름을 따서 '폴리아나 효과Pollyana Effect'라고도 한다. 따라서 면접관들은 면접자들을 평가할 때 긍정적인 평가를 자연스레 하게 되고 이것은 계속해서 다른 요인들도 긍정적으로 평가하는 데 연결된다. 따라서 관용효과를 적절히 이용하여 좋은 인상을 계속 심어주도록 노력하는 것이 좋다.

6. 부정성효과

첫 만남에서 제시된 정보 가운데 부정적인 정보가 긍정적인 정보보다 더 인상 형성에 강력하게 작용한다는 이론이다. 진화론적인 관점에서 사람은 원래 긍정적인 정보보다 부정적인 정보에 더 민감한데 이는 자신에게 해가 되는 단서들을 잘 포착하는 개체가 생존 가능성이 높은 것과 연관이 있다고 한다. 또 사람들은 보통 단점을 감추는 대신 주로 장점을 드러내기 위해 애쓰기 때문에 부정적인 정보가 노출되었을 때 훨씬 주목하게 된다. 따라서 열 번 잘해도 한 번의 실수로 인해 나쁜 인상을 만들 수 있다.

7. 빈발효과

빈발효과는 초두효과와 반대되는 개념으로 노출효과라고도 한다. 미국의 사회심리학자 로버트 자이언스Robert Zajonc가 정립한 이론으로 상대방과의 만남을 거듭할수록 호감을 갖게 되는 현상을 말한다. 첫인상이 좋지 않았던 사람과도 자주 만나게 되면서 상대방의 좋지 못했던 인상이 다른 요인으로 인해 점차 완화되는 경향이 있다는 것을 말한다. 상품광고에서도 이 이론이 적용되는데 소비자들에게 상품을 자주 노출함으로써 상품을 더 친숙하게 느껴지도록 하는 것이다. 정치와 언론에서는 특정 현안이나 정책적인 이슈를 대중에게 많이 노출함으로써 사람을 설득하는 경우가 있다. 하지만 빈발효과는 면접에서는 해당하지 않는다.

★★ 2
첫인상을 결정하는 얼굴 특징

영국의 심리학자인 톰 하틀리 요크대 교수는 눈의 크기, 입 모양, 인중의 길이 등이 첫인상에 미치는 영향을 분석했다. 얼굴에 179개의 점을 표시하고 눈동자와 입술의 크기, 인중의 길이, 콧볼의 크기, 광대뼈 각도, 턱선 등을 수학적 기법으로 모델링하고 인상과의 상관관계를 밝혀낸 것이다. 그리고 그는 첫인상의 58%는 몇 가지 얼굴 부위의 특징으로 결정된다고 주장하였다.

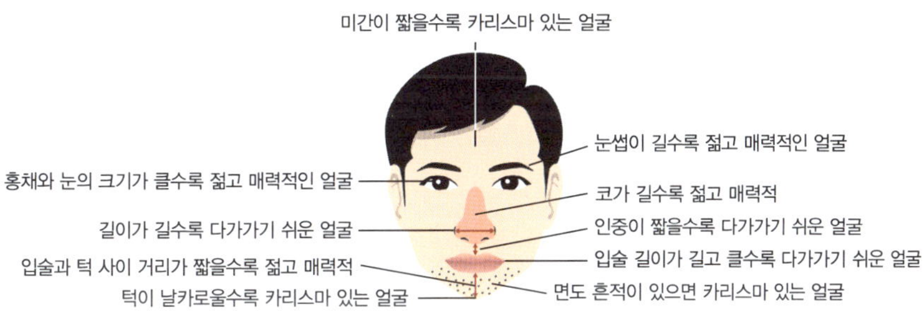

그림 11-2. 얼굴에 나타나는 첫인상

과학적으로 얼굴의 생김새가 주는 첫인상에 대한 느낌을 밝혔다는 것은 꽤 흥미롭다. 그의 연구 결과를 보면 젊고 매력적인 첫인상을 가진 사람일수록 눈썹의 길이가 길고 눈썹 색의 변화가 큰 것으로 나타났다. 또 홍채와 눈의 크기가 클수록 젊고 매력적으로 보일 확률은 40% 이상인 것으로 확인이 되었고 턱 선이 가파를수록 매력적으로 보일 확률도 30%나 되었다. 그밖에 도입의 길이가 길고 아랫입술이 가진 각도가 클수록 다가가기 쉬운 인상이라는 것이다. 면접이든 취업용 사진을 찍을 때든 표정과 이미지 등의 연출이 필요하다면 톰 하틀리 교수의 연구 결과를 잘 활용해 보면 좋을 것이다.

3

면접의 정의와 중요성

면접의 사전적인 의미는 '서로 대면하여 만나보다'이다. 또 다른 의미는 '직접 만나서 인품이나 언행 따위를 평가하는 것'이다. 즉 면접은 인재 선발 도구 가운데 가장 많이 쓰이는 방법으로 면접관의 언어적인 물음에 대한 지원자의 언어적, 비언어적인 모든 답변에 따라 역량을 평가하는 선발의 한 절차이다. 새로운 인재를 뽑기 위해서는 꼭 거쳐야 할 가장 기본적인 평가이면서 가장 중요한 평가이기도 하며 대부분 조직은 선발 과정에서 면접을 거친다.

채용시장에서 면접의 중요성은 더욱 커지는 추세다. 스펙을 전면에 내세우지 않는 블라인드 면접이 실시되고 2018년부터 AI(인공지능)이 채용 과정에 등장하며 면접의 비중이 더 커졌다. 기존에 진행해 오던 대면 면접뿐 아니라 인공지능이 지원자를 분석하고 평가하는 비대면 면접도 체계적으로 준비해야 한다.

국제노동기구의 보고서에 따르면 청년 실업률은 중 · 장년층의 실업률의 세 배가량을 웃돌고 있으며 다수의 청년층은 구직을 포기한 상황이라고 한다. 따라서 소수의 일자리를 두고 다수의 취업준비생들이 경쟁을 하다 보니 스펙 쌓기 뿐만 아니라 면접에 관한 비중과 관심도 점점 커지고 있다. 또 대학입시에서도 수시전형의 비중이 높기 때문에 대학수학능력시험으로만 대학에 진학하던 시대는 예전 이야기가 되었다. 각 대학들은 저마다 다양한 선발 방식을 내놓고 있으며 특히 대입 수시전형의 핵심이라고 할 수 있는 대입 구술면접의 중요성이 크게 부각되었다. 학생생활기록부와 내신 성적만으로는 평가하기 어려운 인성을 직접 평가한다는 측면에서 대학들도 면접의 비중을 높이고 있으며 전공별로 인적성 면접이나 AI면접을 도입하기도 한다.

4 면접의 종류

1. 비대면 면접 - AI면접, AI역량검사

비대면 면접은 온라인 플랫폼을 이용해 면접관과 미팅의 형식으로 면접을 치르는 경우도 있고 온라인 솔루션을 통해 인공지능이 지원자를 평가하는 AI 면접도 있다. 기존의 대면면접과 비슷하게 인터뷰 형식으로 채용을 진행하는 것은 동일하나 지원자가 면접을 치르는 장소와 시간을 선택할 수 있다는 것이 다른 점이다. 특히 AI 면접은 기업이나 기관에서 필요로 하는 인재를 축적된 데이터를 통해 인공지능이 분석하는데 지원자의 면접 영상과 음성으로 직무의 적합도와 성향, 진실성 등을 평가한다. AI 채용은 프로그램마다 평가 방식에 약간의 차이가 있기에 사전에 지원 기업이나 기관이 어떤 솔루션으로 테스트를 진행하는지 파악하고 준비하면 좋다. AI 면접 시간은 지원자에 따라 차이가 있지만 보통 1시간 이내에 끝나며 AI 면접과 온라인 인적성 검사를 함께 진행하는 기업이 점차 늘고 있다.

2. 실무진 대면 면접

실무진 면접에는 인사담당자와 실무자가 면접관으로 참여한다. 그리고 전반적인 전공에 대한 지식, 관심도, 이해도 등를 평가하며 지원자의 역량을 구체적으로 평가하는 면접이다. 실무진 년섭을 위해서는 전공과목에 대한 지식을 꼼꼼히 알아 둘 필요가 있으며 전공과 지원 업무와의 연관성에 대해서도 일목요연하게 말할 수 있어야 한다. 실무진 면접에서는 과거의 경험을 통한 배움이 업무와 어떻게 잘 연결되는지를 보여주는 것이 관건이다. 특정 상황에 따른 질문에 대해서도 구체적인 답변과 설명으로 자신만의 강점을 최대한 살려 보여주는 것이 좋다. 실무진 면접은 첫인상보다는 대화를 통한 진솔한 평가가 더 중요하기도 하다.

3. 임원 대면 면접

임원면접은 실무진 면접보다도 첫인상이 주는 이미지에 대한 점수화가 더 큰 경향이 있다. 전공지식이나 지원자의 역량을 평가하기보다는 지원자의 인성과 가치관에 더 초점이 맞추어져 있다. 즉 임원들이 가지고 있는 사상이나 가치관과 일맥상통하는 지원자에게 더 높은 점수를 줄 확률이 높고 첫인상에서 주는 이미지가 평가의 큰 요소로 작용하며 특히 신뢰성과 성실성에 따라 점수의 배점이 달라지기도 한다. 따라서 임원면접은 기회와 운이 많이 작용하기도 하고 면접관의 선호도에 따라 지원자의 합격 여부가 나뉘기도 한다.

4. PT 면접

PT 면접은 미리 공지된 주제로 프레젠테이션을 하는 것을 말한다. 때에 따라서는 면접 당일 주제를 제시하는 경우도 있으며 이때는 화이트보드를 이용한 판서가 동반된다. 보통 전공이나 지원업무와 관련된 내용이 많기 때문에 PT 면접이 공지된다면 사전에 충분한 연습을 꼭 해야 한다. PT 면접은 단순히 내용보다는 목소리와 자세, 태도 등 비언어적인 요소의 중요성도 큰 만큼 준비된 원고를 통해 연습하는 것이 필요하다.

PT 면접은 간단한 자기소개 후 아이스브레이킹을 통해 분위기를 편안하게 만든 후 시작하면 전달력과 소통력 부분에서 더 좋은 점수를 받을 수 있다. 또 즉흥적인 판서의 경우에는 도표나 그림을 이용한 시각적인 정보를 제시해 주면 내용의 시간을 줄일 수 있어 평소에 연습해 두는 것이 좋다. PT 면접을 진행할 때에는 면접관과 눈 맞춤에도 주의하면서 손동작도 적절하게 사용해야 전달력을 높일 수 있다. 면접의 마지막 부분에는 꼭 질의응답을 갖는 것을 잊지 말자.

5. 토론면접

최근에는 토론 면접을 도입해서 지원자를 선발하는 회사가 늘고 있다. 2~3명이 그룹을 나눠서 하나의 주제를 두고 토론을 하는 경우도 있으며 찬성과 반대 형식의 디베이트를 통한 토론으로 지원자를 평가하기도 한다. 토론 면접은 지원자의 설득력과 협동심 그리고 배려심을 함께 알아볼 수 있어서 대기업에서 선호하는 면접 방법이다. 따라서 토론 면접에서는 상대방의 의견을 최대한 존중하면서 논리적으로 답변을 준비하는 것이 중요하다. 무조건 큰 목소리를 내고 말을 많이 하거나 흥분된 모습을 보인다면 오히려 마이너스가 될 수도 있다. 반대로 소극적인 자세로 토론에서 의견을 많이 제시하지 못하고 비중이 작았다면 역시 좋은 점수를 받기는 어려울 것이다.

6. 영어면접

취업을 위해 토익시험 점수는 필수인 시대이다. 이제는 영어 회화의 능력이 더 중요시되면서 해외업무가 꼭 아니더라도 영어 면접을 보는 회사들이 늘고 있다. 영어 면접에서는 단순히 영어로 자기소개를 하거나 질의응답을 하는 정도가 아니라 하나의 주제를 놓고 영어 토론을 진행하거나 영어 스피치를 하는 경우가 있기 때문에 단순한 암기식의 영어가 아니라 전문적이고 심층적인 준비가 필요하다.

5 ★★★★★ 실전 면접 준비

2018년 하반기부터 본격적으로 시작된 비대면 면접은 2020년 코로나19 팬데믹과 더불어 그 비중은 폭발적으로 늘어났다. 비용 절감의 큰 장점을 들어 기업에서는 너도나도 비대면 면접을 통해 지원자를 우선 선발한 다음 대면 면접을 치르는 추세다. 따라서 이제는 대면 면접과 함께 필수적으로 비대면 면접인 AI 면접도 함께 준비해야 한다. 결론부터 이야기하자면 지원자를 평가하는 방식에서 조금의 차이가 있지만 대면 면접이든 비대면 면접이든 준비과정은 거의 동일하다.

1. 지원 회사(대학)에 대해 파악하자

서류 전형 통과 이후 면접을 준비할 때 가장 먼저 지원 회사에 대한 조사가 체계적으로 이루어져야 한다. 자신의 전공과 역량이 지원 분야의 업무와 잘 맞는지를 점검하고 지원 회사의 인재상을 꼼꼼히 살펴본 후 회사에서 뽑기를 원하는 인재에 자신을 맞추어야 한다. 회사의 홈페이지는 기본이고 기업 광고의 추구 이미지도 살펴볼 필요가 있다. 최근 동향이나 이슈가 되고 있는 지원 회사의 이모저모에 대해서도 조사가 필요하다.

2. 예상 질문 리스트 만들기

자신의 지원 서류와 자기소개서를 바탕으로 예상되는 질문들을 최소한 20개 이상 만들어야 한다. 인성과 적성에 관한 기본적인 사항부터 시사 상식에 관한 내용과 업무에 관한 부분들까지 체계적으로 질문의 리스트를 만들어 보자.

3. 예상 질문 답변 정리하기

면접 예상 질문 리스트를 만들었다면 답변을 먼저 글로 써 보자. 단답형의 답변은 좋은 인상을 남기지 못할 뿐 아니라 다른 대화로 이끌기가 어렵다. 또 한 가지 질문에는 최소한 2~3문장 정도의 길이로 답변을 준비하는데 다만 질문의 답변 내용이 너무 길어서 지루해지지 않게 조심하자. 똑같은 내용을 되풀이하지 말고 짧더라도 논리적인 구성에 맞는 답변을 미리 준비하는 것이 좋다.

4. 모의 면접을 통한 실전 능력 기르기

예상 질문을 만들고 이에 대한 답변까지 준비가 되었다면 실전처럼 모의 면접을 진행해 보자. 최근에는 취업 스터디를 통해서 모의 면접 연습을 많이 한다. 온라인 미팅 프로그램을 통한 모의 면접 스터디도 추천한다. 모니터 화면을 통한 면접의 연습은 AI 면접에 대한 대비에 도움이 된다. 실전 연습은 면접에 대한 공포나 두려움을 없앨 수 있고 자신감을 상승시켜 줄 뿐만 아니라 잘못된 점을 바로 잡을 수 있기 때문에 필요한 과정이다. 자신의 모의 면접 상황을 동영상으로 녹화해서 모니터하는 것이 더 효과적이며 음성 녹음을 통하여 목소리도 점검해 보는 것이 좋다.

최근 기업들은 지원자 선발에 있어서 면접의 비중을 더 높게 두며 학력이나 학점 자격증 등의 스펙을 배제한 채 블라인드 면접을 많이 실시한다. 또한 합숙 면접이나 술자리 면접, 동료 평가 면접, 행동관찰 면접 등 다양한 방식의 면접 과정을 채택하기도 한다. 틀에 박힌 과거의 경험과 현재의 역량을 어필하는 데만 그치지 말고 다양한 접근을 통해 자신의 장점을 보여줄 수 있도록 철저한 면접 준비가 요구된다.

6 면접의 외적인 요소 가꾸기

1. 면접 자세

면접에서 자세는 단순히 인사를 하거나 질문에 답변을 하기 위해 앉아 있을 때만의 자세는 아니다. 면접장의 문을 열고 들어가는 걸음걸이부터 시선 처리, 면접 이후에 다시 면접장을 나오는 뒷모습까지 신경을 써야 한다. 가장 좋은 자세는 자연스럽고 당당한 걸음걸이로 자신감 있는 모습을 먼저 보인 뒤 정중하게 인사를 하고 의자에 앉는다. 면접에 임할 때는 경직되지 않은 자세로 상대방에게 최대한의 예의를 갖추고 있는 모습이 좋다. 아래에 있는 그림에서 1번의 자세가 가장 모범적인 앉은 자세로 면접 전에 이 자세가 몸에 익숙해질 수 있도록 연습을 하자. 비대면 면접을 진행할 때 주의해야 할 것은 상체가 화면에 잘 나올 수 있도록 카메라 세팅을 하는 것이다. 의자에 등을 기대지 말고 바른 자세로 앉아서 얼굴이 모니터에 정면으로 녹화될 수 있도록 각도를 조절하는 것이 중요하다.

그림 11-3. 올바른 면접 자세

2. 면접 복장

면접 복장은 지원 분야와 잘 맞으면서 최대한 자신의 이미지를 잘 드러낼 수 있어야 한다. 디자이너나 카피라이터 등 창조적이고 진취적인 성향의 직업일 경우에는 틀에 박힌 정장보다는 자신의 개성이 면접 복장을 통해서 드러날 수 있게 하는 것도 좋다. 하지만 지나치게 화려하거나 특이해 보일 수 있는 옷은 피하고 깔끔하고 정갈한 느낌의 정장에 한 가지 정도의 포인트로 자신만의 개성을 표현하는 것도 방법이다. 남성의 경우 넥타이 색은 피부톤과 잘 어울리며 자신의 이미지를 잘 드러낼 수 있는 것으로 선택하자. 대학 입시를 위한 면접에서는 가장 학생다운 모습은 교복을 깔끔하게 입는 것이 좋으며 굳이 어느 학교 출신인지 노출이 되지 않아야 한다면 가장 학생다운 복장으로 단정한 차림을 하도록 하자.

비대면 면접이나 AI 면접을 치를 때는 회사에서 정한 규정이 있다면 그 규정에 따르는 것이 가장 좋다. 특별한 규정이 없다면 예의를 갖춘 단정한 차림이 이상적인데 남자의 경우는 셔츠나 남방을 깔끔하게 입는 것도 좋고 여자의 경우에는 블라우스 차림을 추천한다. 집에서 입는 너무 편한 모자 달린 티셔츠나 라운드 티셔츠 등은 삼가는 것이 좋다.

3. 면접 메이크업

요즘은 남성과 여성 할 것 없이 면접을 위한 메이크업을 한다. 거칠고 칙칙해 보이는 피부톤은 자신감이 결여 되어 보이거나 의욕이 떨어져 보일 수 있기 때문이다. 생기 있고 활기가 보이는 피부 톤을 만들기 위해서는 남성의 경우 비비크림으로 피부 톤을 정리하고 인상이 부드러워 보이도록 눈썹의 모양을 미리 정리하자. 입술도 자연스러운 붉은 톤이 생기 있게 보인다. 여성의 경우 화려하고 과한 메이크업은 반감을 살 수 있으므로 진하지 않지만 자신의 얼굴선이 또렷해 보이며 생기발랄한 모습으로 선량한 이미지를 보일 수 있는 메이크업을 하자. 메이크업에 자신이 없다면 전문가의 도움을 받아 면접용 메이크업을 받는 것도 하나의 방법이다. 비대면 면접 역시 온라인으로 진행하는 면접이긴 하지만 대면 면접과 비슷한 느낌으로 메이크업을 하는 것이 좋다. 인공지능이 외모를 평가하지는 않지만 추후 인사 담당직원들이 녹화된 면접 영상을 보며 태도에 관해서는 평가할 가능성이 있으므로 성의 없는 모습으로 보이지 않도록 주의하자.

4. 면접 헤어스타일

면접에 가장 좋은 헤어스타일은 얼굴을 가리지 않는 깔끔한 스타일이면 된다. 남성의 경우 긴 앞머리로 눈썹이나 눈을 가리지 않도록 유의하고 밝은 염색이나 컬이 강한 펌은 피하는 것이 안전하다. 여성은 얼굴 라인이 잘 살아나도록 전체적으로 볼륨을 넣어 가볍게 묶어 주는 것이 좋다. 긴 머리일 경우 면접 도중 인사를 할 때나 다른 움직임이 있을 때마다 신경이 쓰이기도 하고 머리카락을 정리하느라 자칫 산만해 질 수 있다. 또 단발머리일 경우에도 머리의 모양이 흐트러지거나 지저분해 보이지 않게 왁스나 스프레이를 이용해 스타일을 만들고 면접에 임하자.

7

면접 스피치 노하우

1. 언어적 표현

첫째 결론부터 말하고 간략하게 답변한다.

답변이 장황하게 늘어지면 면접관에게 본인이 어필하고 싶은 중요한 사항을 정작 이야기하지 못하게 되는 경우가 있다. 또 긴장하게 되므로 자칫 대답을 이어가면서 삼천포로 빠지게 되는데 결론부터 말하는 두괄식 답변을 하게 되면 말의 일관성을 유지할 수 있다.

둘째 구체적으로 답하라.

자기소개에서도 마찬가지지만 질문에 대한 답변 역시 구체적으로 해야 신빙성이 있다. 단순히 봉사활동을 많이 했다는 것보다는 '100시간의 봉사활동 경험'이라고 말하는 것이 신뢰감이 들며 리더십이 있다는 것도 ' ○○○ 임원, ○○○학급 회장' 등 구체적인 사례를 제시하는 것이 좋다. 이는 면접자의 이야기가 사실인지 확인할 수 있는 유일한 순간이다. 막연한 수식어나 진부한 단어로만 꾸민다면 진정성을 느끼기 어렵다. 만약 성실하다고 이야기하고 싶다면 그와 관련된 어떤 일이 있었는지 또 현재 어떤 노력을 하고 있는지에 대한 실례가 필요하다는 것을 명심해야 한다.

셋째 분명하게 답하라.

말끝을 흐리지 말아야 한다. 어미까지 분명하고 정확하게 말하는 것이 중요하다. 말끝을 흐린다는 것은 자신감이 없다고 판단할 수 있기 때문에 유의해야 한다.

넷째 자신을 철저히 공부하라.

면접을 준비하는 것과 준비하지 않는 것은 결과에 큰 차이가 있다. 단순히 몇 번의 모의 면접을 해 본다거나 말하는 연습을 한다고 해도 한계가 있다. 자기 자신에 대한 철저한 분석과 공부가 뒤따라야 한다. 장단점을 나열하고 왜 자신이 이런 점을 장점이라고 생각하는지 다른 사람들은 나의 장점을 어떻게 꼽고 있는지 또 업무에 적용했을 때 어떤 긍정적인 면을 가져올 수 있는지에 대한 것을 세밀하게 따져본다면 좋을 것이다.

다섯째 면접관의 의도를 파악하라.

면접관의 질문 속에는 면접관의 의도가 담겨져 있다. 이것을 잘 파악하고 준비한다면 면접관이 고개를 갸우뚱하는 일은 없을 것이다.

★★★★★★★★ 8

면접 질의응답 실전 연습

1. 개인 신상과 관련한 질문 유형 대처법

Q. 본인의 장단점을 말해보세요.

tip. 이 질문은 자기소개 다음으로 많이 하는 질문이다. 장점의 경우는 자신의 강점이 어떤 역할을 하고 있는지를 판단해 긍정적으로 연결해 이야기하면 좋다. 면접관은 장점보다는 단점을 더 유심히 듣기 때문에 단점을 어떤 식으로 말하느냐가 중요하다. 솔직하면서도 왜 그런 단점이 생겼는지를 말하면서 앞으로 개선 의지를 피력하는 것이 좋다. 장점인 듯 단점인 듯한 자세로 이야기하는 것은 오히려 면접관의 마음을 사로잡기 힘들다는 것을 명심하자.

답변 예시

저의 단점은 사람들의 이야기에 신경을 많이 쓰는 편입니다. 주로 모임이나 학교에서 리더의 역할을 하는 편인데 그러다 보니 조정자의 역할을 하면서 사람들의 의견을 많이 듣는 습관이 배어 있는 것 같습니다. 그래서 신경 쓰지 않아도 될 말들에 때로는 혼자 감정을 다치기도 합니다. 그렇지만 결정을 해야 할 때는 단호히 결단을 내리는 경우도 있습니다. 앞으로 사람들과 소통을 중요하게 생각하면서도 결단력이 필요할 때는 좀 더 리더십을 발휘해야겠다 생각하고 있습니다.

Q. 지금 이 일을 선택하지 않았으면 직업으로 선택하고 싶을 만한 정말 좋아하는 일이 있나요?

tip. 이 질문에 대한 대답을 어떻게 하느냐에 따라 면접관에게서 긍정과 부정의 해석이 나올 수 있다. 이 회사에 들어와서 근무하다가 힘이 들면 다른 곳으로 이직을 생각할 수도 있다거나 업무에 방해가 될 수 있지 않을까 판단할 수 있기 때문에 업무에 긍정적인 영향이 무엇인지 꼽아서 언급해주면 안심시킬 수 있다.

답변 예시

사진 찍는 일을 정말 좋아합니다. 일주일에 한 번씩은 꼭 출사를 나가야 스트레스가 풀리는데요. 만약 중요한 회사 업무나 워크숍 때 사진사가 필요하시면 꼭 저를 섭외해 주시면 감사하겠습니다.

Q. 주말이나 휴일에는 뭐 하시나요?

tip. 이 질문은 계획성 있는 사람인가를 알아보는 의도가 숨어 있다. 더 나아가 삶에 대한 가치관까지 파악할 수 있는 질문이기도 하다. 단순히 "딱히 하는 것이 없다"라든지 즉흥적으로 그때그때 다르다는 식의 말은 좋은 답변이 될 수 없다. 만약 내가 정말 아무 생각 없이 나의 여가 시간을 보낸다면 면접 준비를 하면서 내가 어떤 삶을 살고 싶어 하는지 계획해 보는 것도 의미있을 것이다.

Q. 별명이 있나요?

tip. 면접관은 이 질문으로 성장 과정을 알고 싶어 한다. 별명이란 그 사람의 캐릭터를 대변하는 것이기 때문이다. 이름이나 생김새 때문에 생긴 별명도 있겠지만 그것을 어릴 때부터 현재까지 재미있게 나열해준다면 어떻게 생활했는지 알 수 있을 것이다.

2. 지원동기와 포부 관련 질문

Q. 비전이 있다면 무엇입니까?

tip. 이 질문의 경우는 구체적이고 실현 가능한 계획을 말해야 한다. 왜 그런 비전을 생각하게 되었고 앞으로 달성하기 위해 어떤 노력을 기울이고 있는지 함께 이야기하는 것이 좋다.

답변 예시

저의 비전은 CEO가 되는 것입니다. 우연히 TV에서 총각네 야채가게 사장님의 강연을 듣고 어떤 아이템이든 의지와 철학을 갖고 도전하면 장사꾼이 아닌 멋진 사업가가 될 수 있다는 생각했습니다. 그래서 경영을 전공했고 틈틈이 아르바이트를 하면서 그곳을 운영하는 대표의 입장에서 한번 바라보고 행동하는 연습을 하고 있습니다. 이곳에서도 업무를 하면서 경영에 필요한 다양한 경험을 쌓으면서 일하고 싶습니다.

Q. 삶에서 가장 중요한 것은 무엇이라고 생각하는가?

tip. 이 질문은 지원자의 가치관과 소통 능력을 알아보고자 하는 것이다. 각자 소중하게 생각하는 것이 모두 다르고 다양하겠지만 이 질문에는 설득력 있는 설명을 덧붙이는 것이 좋다.

답변 예시

가족이라고 생각합니다. 스마트 폰 앱 중에 가족과 함께할 시간을 계산하는 것이 있는데 17개월이 나오더라고요. 제 인생에 17개월이 가족과 함께 할 수 있는 시간이라는 것을 보고 난 후 늘 곁에 있어 소중함을 모르고 지내온 시간이 주마등처럼 지나갔습니다. 그 이후로는 가족에게 좀 더 관심을 갖게 되었고 어딜 가든 가장 가까이 있는 사람의 고마움을 챙긴다는 것은 사회 생활하면서도 중요한 일인 것 같습니다.

Q. 그 밖의 질문

- 자신의 성장 과정에서 가장 큰 영향을 준 사람은 누구입니까?
- 이곳에 지원한 이유는 무엇입니까?

- 다른 곳도 지원했나요?
- 입사 결정 후(대학입시 합격 후) 3개월이 주어진다면 무엇을 하고 싶나요?
- 살면서 가장 힘들었던 점은 무엇인가요?
- 개인적인 일과 회사 일이 겹치면 어떻게 하실 건가요?
- 상사(교우)와의 갈등이 있을 경우 어떻게 하겠습니까?
- 직장생활(대학 생활)에서 가장 중요한 것은 무엇이라고 생각합니까?
- 지방 근무가 가능한가요?
- 매일 반복 업무만 한다면 어떡하시겠습니까?

3. 이색 질문

이 밖에도 창의성을 알아보는 이색 질문들도 있다. 시대가 바뀜에 따라 과거의 무조건 조직에 순응하는 것이 아닌 창의적 문제 해결 능력을 보는 경우가 많아지고 있다. 따라서 질문 역시 상상력과 창의력을 알아보는 이색 질문과 논리적인 사고가 가능한지를 알아보는 페르미 추정 등의 질문이 많이 출제되고 있다.

4. 이색 질문 리스트

① **서울시 공기업 :** 아프리카에 가서 모피를 팔라고 하면 어떻게 판매할 것인가?

② **자동차 완성업체 :** 부모님과 여자 친구가 위급한 상황이라고 연락이 왔을 때 누구에게로 갈 것인가?

③ **통신업체 :** 혼자 무인도에 남겨진다면 무엇을 준비해서 가겠는가?

④ **전자회사 :** 자신의 친한 친구와 애인이 바람을 피운다면 누구를 선택하겠는가?

⑤ **제약회사 :** 옆에 있는 지원자를 보고 장점과 단점을 말해보시오.

⑥ **홈쇼핑회사 :** 조선시대의 마지막 왕은 누구인가?
6 · 25 전쟁이 발발한 연도는?
자신의 몸으로 지금의 기분을 표현해 보라.

⑦ **건설회사 :** 당신이 생각하는 결혼은 무엇입니까?

5. AI역량검사 상황대처 질문

비대면 면접에서 가장 선호되는 마이다스 아이티의 AI 면접을 위해서는 상황대처형 질문에 대한 준비가 필요하다. 상황대처형 질문은 실제로 살면서 경험할 수 있는 다양한 상황이 주어진다. 기존 대면 면접에서도 빈번하게 제시되는 질문이기도 하다. 주의할 점은 Role Play를 하듯이 주어진 시간 내에 실제 대화처럼 답변해야 한다. 보통 30초 정도의 생각할 시간이 주어지고 이후 90초 이내에서 실제 대화하듯이 말을 하면 된다. 답변의 내용도 중요하지만 상황대처형 질문에서는 면접에 임하는 자세와 표정도 평가의 요소가 되기 때문에 유의해야 한다.

문제 유형 1

개인 일정과 회사 업무의 마찰

Q. 부장님께서 가을맞이 산행을 잡으셨습니다. 전체 부서가 1박 2일 강원도로 등산 겸 워크숍을 가는 일정입니다. 하지만 그 날짜는 개인적으로 중요한 일이 있어 참석이 쉽지 않은 상황입니다. 팀장님께 어떻게 조언을 구할 수 있을까요? 실제 대화한다고 생각하고 말씀해 주십시오.

조언
- 솔직하고 진솔한 태도로 인간미를 보여줄 것
- 상사의 입장에서도 충분히 이해될 만한 답변으로 준비
- 마지막으로 대안을 제시할 것

문제 유형 2

회사 내 의견 차이 및 갈등

Q. 팀장이 되고 난 이후 처음으로 프로젝트를 준비하게 되었습니다. 다음 달에 개최될 신상품 사내 응모전에 제출할 계획입니다. 그런데 팀원들의 개성이 너무 강해서 의견 타협이 좀처럼 되지 않습니다. 프로젝트 제출기한은 일주일 남았습니다. 이러한 상황에서 팀장으로서 팀원들에게 어떻게 이야기하겠습니까? 실제 대화한다고 생각하고 말씀해 주십시오.

조언
- 팀원들의 사기를 꺾지 않는 응원의 메시지 던지기

- 협상의 단계를 거칠 수 있는 방향으로 대안 제시
- 팀장의 권한으로 독단적인 결정을 내린다는 것은 금물

문제 유형 3

내 비리 및 비윤리적 행동

Q. 화장품 회사에 입사했습니다. 신제품이 나오면 샘플을 써 보면서 모니터링을 하는 일이 다반사입니다. 그런데 과장님은 홍보용 샘플도 모두 본인이 개인적으로 사용하고 모니터링 업무는 사원들에게 맡깁니다. 실제로 샘플 테스트를 해 보기도 어려운 상황입니다. 관행처럼 계속되는 이 상황에 과장님께 어떻게 이야기하겠습니까?

조언
- 직설적인 표현으로 잘못을 지적하는 것은 금물
- 상사 본인이 자신의 잘못을 인지할 수 있도록 말하기
- 현 상황에 대한 걱정하는 마음을 진심으로 전한 뒤 대안 제시

문제 유형 4

거절의 상황

Q. 오랜만에 연락을 해 온 동창이 만나자고 해서 약속을 잡았습니다. 보험 영업을 새로 시작했다며 상품 가입을 권유합니다. 이미 가입된 보험이 여러 개가 있어서 더 이상 상품 가입은 부담스럽습니다. 친구에게 어떻게 이야기하겠습니까? 실제 대화한다고 생각하고 말씀해 주십시오.

조언
- 거절을 할 수밖에 없는 이유를 충분히 설명하기
- 상대방이 배려 받고 있다는 느낌의 말투로
- 거절에 대한 미안함을 진정성 있게 말하기

문제 유형 5

공감과 설득의 상황

Q. 회사 동기가 업무량이 가장 많고 힘든 부서에 배치되어 고민이 많습니다. 업무가 본인에게 몰리는 바람에 퇴근이 늦고 스트레스도 많아 더이상 못 버티겠다고 이야기를 합니다. 이러한 상황에서 동기에게 어떻게 이야기하겠습니까? 실제 대화한다고 생각하고 말씀해 주십시오.

조언
- 대의 마음에 공감해주기
- 본인의 의견 주장만 하지 않기
- 나의 의견을 강하게 어필하지 않기

문제 유형 6

난처한 상황

Q. 코로나19로 인해 공식적인 회식이나 모임이 불가한 상황입니다. 그런데 부장님이 퇴근 후 자꾸 저녁을 함께 먹자고 하십니다. 저녁 이후 가벼운 술자리까지 이어지게 되다 보니 저녁을 먹기가 꺼려집니다. 부장님께 어떻게 말하겠습니까? 오늘도 우리 팀은 회식을 하자고 말씀하시네요. 실제 대화한다고 생각하고 말씀해 주십시오.

조언
- 상대방이 불쾌하거나 기분 나쁘지 않게 대화를 시작하기
- 비난하거나 잘못을 지적하는 것이 아니라 본인의 입장을 솔직하게 말하기
- 미안하거나 죄송하다는 사과의 답변 뒤에는 대안을 제시하기

문제 유형 7

권리 해결 능력

Q. 동창회 모임 때마다 일정한 금액으로 회비를 기두는데 깜박했다며 회비를 준비해 오지 않는 친구가 있습니다. 이번이 벌써 세 번째입니다. 모임의 총무를 담당하고 있는 입장으로 그 친구에게 어떻게 말하겠습니까?? 실제 대화한다고 생각하고 말씀해 주십시오.

조언 • 금전과 관련된 문제는 민감한 문제이므로 조심스럽게 접근하기
• 상대방의 처지를 이해한 뒤 나의 입장과 상황을 말하기
• 해결 대안 방법을 함께 고민하는 것도 괜찮음

문제 유형 8

배려의 상황

Q. 육아휴직 후 복귀한 선배가 늘 칼퇴근을 하면서 자신의 업무를 부탁하고 있습니다. 같은 동료로서 상황을 이해하고 있지만 반복되는 업무의 증가에 체력도 힘들고 일의 능률도 떨어지는 상황입니다. 선배가 뜬금없이 '힘들지? 미안해.'라며 말을 걸어옵니다. 선배에게 어떤 이야기를 하겠습니까? 실제 대화한다고 생각하고 말씀해 주십시오.

조언 • 본인이 느끼는 감정을 직설적으로 말하지 않기
• 본인이 실행 가능한 범위 안에서 배려하기
• 과장되지 않는 진정성이 드러나는 말투가 중요

상황대처형 문제 유형은 이렇게 8가지이다. 답변에 대한 평가는 지원자의 인성과 평상시 말하는 습관, 말투 등을 모두 본다고 생각하면 된다. 상황에 따라 유연하게 대화하는 것 역시 업무에서도 중요한 능력이기 때문에 조직 적응력을 평가하는 데도 유용한 자료다. 반드시 나만의 답변을 준비해서 미리 연습해 두기로 하자.

상황대처형 질문 유형별 대비 요령

유형 1	개인 일정	죄송한 감정 표현 + 상황 설명 + 대인 제시
유형 2	회사 내 의견 차이	고민 표현 + 의견의 긍정적 요소 어필 + 대안 제시
유형 3	사내 비리	감정 표현 + 잘못된 행동에 대한 걱정 + 원칙 전달
유형 4	거절 상황	현재 상황 전달 + 거절의 이유 + 새로운 대안 제시
유형 5	설득 상황	상대방 의견 공감 + 자신의 의견과 근거 제시
유형 6	난처한 상황	현재 감정 솔직하게 표현 + 자신의 상황 전달 + 사과나 고마움 표시

유형 7	권리 어필하기	상대의 입장 공감 + 나의 상황 전달 + 해결방안 모
유형 8	배려의 상황	상대방 입장 공감 + 자신의 생각 전달 + 감사 전달

대면 면접 시 유의사항

1. 최상의 컨디션으로 면접 시간 전 여유 있게 도착하기
2. 면접장 들어가기 전 옷매무새 점검하기
3. 눈에는 웃음을 입에는 미소를 머금기
4. 긴장되더라도 입술에 침 바르지 않기(메롱처럼 보일 수 있음)
5. 다리를 떨거나 눈을 어색하게 자주 깜박이지 않기
6. 자신감을 가지고 당당하게 답하기
7. 자만하지 않고 겸손한 자세 가지기
8. 면접관의 질문을 끝까지 듣기

1 설득이란

2 설득의 심리적인 법칙들

3 효과적인 설득을 위한 방법

4 설득 대상자의 특징 분석

5 설득과 소구 활용

6 토의 기법

7 토론 기법

12장

설득스피치

1 ·

설득이란

1. 수사학

수사학의 사전적인 의미는 다른 사람을 설득하고 상대방에게 영향을 끼치기 위한 언어 기법을 연구하는 학문을 말한다. 과거에는 문장을 장식한 수단으로 여겼지만, 현대에 와서는 정확한 전달과 설득을 위한 모든 수단을 고찰하는 기능으로 인정되고 있다. 수사학은 고대 아리스토텔레스가 발달시키고 이론을 확립하였다. 아리스토텔레스는 그의 저서 '수사학 Rhetoric'에서 상대방을 설득하는 데 사용할 수 있는 감정과 경험을 3가지로 구분하였다. 혹자는 설득의 3요소라고도 하는데 그것은 에토스Ethos, 파토스Pathos, 로고스Logos이다. 아리스토텔레스는 연설가가 이 세 가지 요소를 갖추고 대중에게 연설할 때 설득의 힘이 있다고 강조하였다.

① 에토스Ethos

에토스는 명성과 전문성, 신뢰성을 말한다. 말하는 이의 지식, 경험, 전문적인 자격 등에 따라 그 사람의 스피치에 신뢰를 갖게 되며 화자의 평판이 좋거나 사회적인 지위가 좋아야 더 쉽게 설득된다고 말한다. 즉 에토스는 권위를 말하며 설득에서 에토스가 차지하는 비중이 약 60%가량 된다고 한다.

② 파토스Pathos

파토스는 인간의 감정을 말한다. 감정에 호소하여 설득한다는 이론인데 여기서 인간의 감정은 공감, 경청, 유머, 연민 등을 말한다. 감정은 설득에서 30%가량을 차지한다.

③ **로고스**Logos

로고스는 설득할 때 논리적인 근거나 실증적인 자료를 이용해서 상대방의 결정을 정당화 시킬 수 있도록 한다는 것이다. 즉 행동 변화에 필요한 논리적인 근거를 제공하는 것인데 설득에는 10% 정도 영향을 미친다고 하였다.

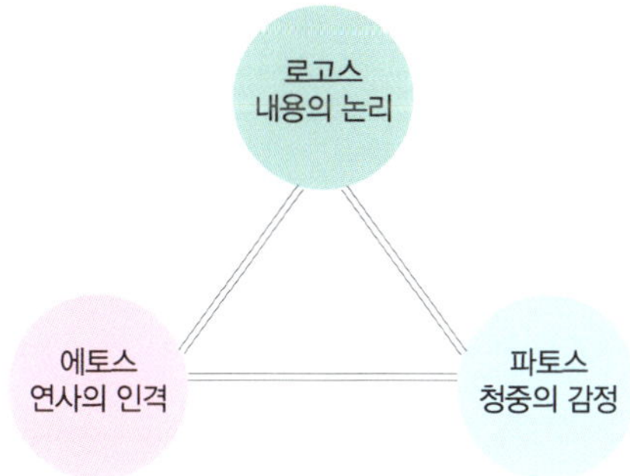

그림 12-1 설득의 요소

아리스토텔레스가 제시한 설득자의 자질은 현대 사회심리학의 연구에서도 여전히 중요하게 다뤄진다. 첫째는 설득자의 지성, 두 번째는 설득자의 성격, 그리고 세 번째는 설득자의 선의이다. 즉 지적인 설득자일수록 상대방의 생각을 쉽게 바꿀 수 있으며 성격에서는 사교성이 중요한 설득자의 자질이라 말한다. 선한 의도를 가진 설득자가 상대방의 마음을 움직일 수 있다는 것이다. 같은 이야기라도 권위 있는 전문가의 말을 인용해 설득한다면 상대방의 마음을 훨씬 더 쉽게 움직일 수 있을 것이라고 조언한다.

2 설득의 심리적인 법칙들

로버트 치알디니는 '설득의 심리학'이라는 책을 통해 상대방이 자신의 의견에 좀 더 긍정적으로 다가설 수 있도록 하는 과학적인 근거를 제시하였다. 그는 저서에서 6가지의 설득의 법칙을 소개했는데 그가 제시한 첫 번째 원칙은 바로 상호성의 법칙이다. 이것은 'give & take'의 원리와 비슷한 의미다. 자신이 원했든 그렇지 않든 간에 누군가로부터 무엇을 받았다고 생각하면 빚진 마음이 생겨 상대방의 설득에 쉽게 넘어가는 상태가 된다는 것이다. 이는 부탁을 거절함으로써 미안한 마음이 생겼을 때도 적용된다.

두 번째로 일관성의 법칙이 있다. 일관성의 법칙은 인지부조화 상태를 해소하려는 인간의 경향과 관련이 있다. 인지부조화는 자신의 신념과 행동이 일치하지 않는 상태를 가리키는 말이다. 우리는 인지부조화 상태에서 불안을 느끼고 신념과 행동을 일치시키려 하기 때문에 신념을 행동에 일치시키거나 행동을 신념에 일치시킨다.

세 번째로 사회적 증거의 법칙이 있다. 즉 사회적 증거에 따라 다수의 행동을 따르려는 사람들의 성향을 말하는 것이다. 어떤 일에 대해 불확실성이 크면 다수의 행동을 관찰한 뒤 따라가는 경향을 말한다. 또 대중 속에서는 굳이 내가 아니어도 누군가가 도움을 주겠지 하고 방심을 하는 심리도 사회적 증거의 법칙에 속한다.

다음으로는 호감의 법칙을 제시했다. 우리는 호감 있는 사람을 실제보다 더 긍정적으로 평가할 뿐만 아니라 그에게 더 쉽게 설득당한다는 것이다.

다섯 번째로 권위의 법칙이 있다. 대표적인 예가 바로 '밀그램의 전기 충격'이다. 전문적 지식을 갖춘 권위자에게 우리는 너무나도 무력하게 복종당하고 만다는 것이다. 권위의 법칙은 직업적인 권위 실체뿐만 아니라 옷차림, 자동차, 직함 등의 상징물에 의해서도 영향을 받는다.

마지막으로 희귀성의 법칙이다. 희귀한 것에 더 큰 가치를 부여하기 때문에 희귀한 무언가 앞에서 설득당하기 쉽다는 것이다. 이 법칙은 한정 판매라든지 백화점의 세일 마지막 날 사람들이 몰리는 심리를 뒷받침해준다. 홈쇼핑에서는 수량이 얼마 남지 않았다는 문구나 말이 망설이던 구매 욕구를 자극해 경쟁 심리를 부추긴다고 할 수 있다.

3

효과적인 설득을 위한 방법

1. 강요보다는 강조하는 설득을 하자.

갑과 을의 관계에서도 설득이 존재할까? 보통 위협적이고 강제성을 가진 갑의 위치에 있는 사람이 을을 설득하기는 쉬울 것이다. 하지만 약자인 을이 강자인 갑을 설득하기는 쉽지가 않다. 그럴듯해 보이는 이 논리에도 심리적인 연구가 이루어져서 그 정당성이 밝혀진 사례가 있다.

미국의 심리학자 잭 브렘Jack Brehm은 1966년 심리적 반발이론Psychological reactance theory을 발표하였다. 이 이론은 자유에 대한 위협, 심리적 반발, 자유의 복원이라는 핵심 개념으로 이루어져 있다. 설득 메시지는 본질적으로 일정 부분 상대방의 자유를 위협하고 있으며 이러한 위협에 사람들은 심리적인 반발을 느낀다는 것이다. 따라서 이 심리적 반발의 크기에 따라 설득의 승패가 좌우된다. 설득 메시지가 갖는 위협의 강도가 높아지면 높아질수록 심리적인 반발도 커져서 설득자는 침해받는 자유의 범위가 커진다고 여기게 되고 심리적인 반발은 증가한다. 따라서 설득의 성공 가능성은 줄어들 수 있다.

광고에서는 심리적인 반발을 줄이기 위해 극단적인 위협이 가해지는 문구나 영상은 자제하고 있다. 실제로 일리노이 대학의 한 연구팀이 가상의 휴대전화를 만들어 인쇄 광고를 실험적으로 제작했다. 그 광고의 내용에는 '이 제품이 좋다. 그러니 다른 제품은 쳐다보지도 마라.'라는 강력한 광고 문구를 실어서 심리적 반발을 유도하였다. 그 결과 12세에서 18세까지의 참가자들은 '이 휴대폰을 절대로 구입하지 않겠다.'라고 강력한 심리적인 반발을 경험했다. 우리가 종종 금연을 강조하는 광고에서 '담배를 피우면 폐암에 걸려 사망한다'라는 잔인한 문구를 보고도 쉽게 금연을 하지 못하는 사람들이 많다. 사람들은 그 광고로 인한 자유의 위협감을 느껴 더 담배에 의존하기 때문인 것으로 분석한다. 또 심리적인 반발은 막 사춘기에 접어든 청소년들에게 가장 많이 나타나는 특성이 있다. 그래서 청소년들을 설득할 때는 위협적인 강한 말투나 내용보다는 감정에 더 호소하고 감성을 자극하는 방법이 효과적이다.

2. 목소리에 힘을 싣자.

우리는 확신을 갖고 이야기할 때 자신도 모르게 목소리가 점점 커지는 경향이 있다. 설득이라는 목적이 스피치나 대화에 실리면 핏대를 세우며 강조를 하는 사람들도 있다. 설득과 목소리의 크기는 어떤 연관 관계가 있을까? 하버드 대학의 셰러Scherer 교수는 목소리가 크면 설득 효과도 커진다고 주장하였다. 이와 관련된 연구를 진행한 결과 사람들이 자신의 생각에 확신이 있을 때 목소리가 커진다는 것을 입증했다. 누군가를 진심으로 설득하고 싶다면 목소리에 힘을 실어 보자. 단순히 높은 톤으로 상대방의 귀를 피곤하게 하지 말고 아랫배에 힘을 주고 몸속 깊은 곳에서 우러나는 안정적인 발성으로 큰 목소리를 만드는 게 좋다. 음색이 가늘고 높을수록 신뢰감은 낮아질 수 있다. 반면, 음색은 낮지만 목소리에 힘이 실리면 상대방에게 더 신뢰감을 주게 되어 설득력이 높아진다.

3. 말에 속도를 붙이자.

말의 속도는 대화, 연설, 강연에 있어서 아주 중요하다. 느린 말투는 지루함을 느끼게 할 수 있지만 진지해 보이기도 한다. 빠른 말투는 긴박감과 집중력을 살릴 수는 있지만 가벼워 보이고 자칫 중요한 내용을 놓치게 만들 수도 있다. 말의 속도와 설득의 연관성을 연구한 사례를 보자. 미국 조지아 대학의 스미스Smith 연구팀은 1분 동안 180 단어의 속도로 이야기를 할 때보다 1분 동안 220 단어의 빠른 어조로 이야기할 때 설득의 효과가 높아진다는 결과를 얻었다. 즉 적당히 빠른 말투가 설득에는 더 효과가 있다는 것이다. 다시 말하면 느린 말투는 지루함을 느끼게 하여 금방 대화에 흥미를 잃게 할 수 있다. 적당히 빠른 템포의 말투는 긴장감을 유발해 대화에 빠져들게 할 수 있다. 하지만 단순히 전체적인 말의 속도만 빠르게 하기보다는 내용의 중요도에 따라

리듬감 있게 변화를 주면 좋다. 적당히 빠른 속도로 말하되 강조하고 싶은 내용은 조금 여유를 갖고 천천히 말하면 효과는 배가 될 것이다.

4. 상대의 오른쪽에서 설득하자.

설득할 때는 왼쪽 귀 보다 오른쪽 귀가 더 효과적이라는 'Right ear advantage' 이론이 있다. 오른쪽 귀로 들어오는 정보는 좌뇌에서 처리한다. 좌뇌는 논리적이며 목소리의 정보 해독 능력이 뛰어나기 때문에 오른쪽 귀로 들어온 정보를 더 잘 흡수한다는 것이다. 이탈리아 키에티(Chieti) 대학의 한 연구팀은 사람들이 대화할 때 내용에 따라 어느 쪽 귀를 기울이고 어떻게 반응하는지 관찰했다. 사람들은 전화 통화를 하다가 자세하게 이야기를 듣고 싶을 때는 수화기를 오른쪽 귀에 대는 사람이 더 많았다고 한다. 또 100 여명의 사람들을 나이트클럽으로 데려가서 다른 사람한테 담배 한 개비를 달라고 부탁하도록 했더니 왼쪽 귀에 대고 부탁을 한 사람들보다 오른쪽 귀에 대고 부탁한 사람들의 성공확률이 더 높았다. 사랑을 고백하고 싶다면 상대의 오른편에서 이야기하라. 그 어떤 달콤한 유혹의 말보다도 설득력이 있을 것이다.

5. 점잖고 지적인 얼굴을 만들자.

설득 심리학에서는 다양한 연구가 진행되며 설득의 효과를 높이기 위한 방법이 제시되고 있다. 미국 노스캐롤라이나주에 있는 카토바Catawba 대학의 브라운로Brownlow는 설득의 요소 중 얼굴 모습에 관한 연구를 진행하였다. '동안의 설득자'와 '중년의 점잖은 얼굴의 설득자' 중에서 어느 쪽의 설득이 효과적인지 조사했다. 그 결과 '점잖은 얼굴의 설득자'가 더 효과적이었다는 것을 밝혀냈다. 신뢰성 있는 이야기를 할 때는 지식의 깊이가 더 나타나는 점잖은 얼굴을 가진 중년의 설득자가 더 효과적이었고 동안의 설득자는 의심스러운 이야기를 할 때만 효과적이었다고 한다.

외모가 주는 설득의 승패는 이미 로버트 치알디니가 제시한 '호감의 법칙'에서도 잘 나타나 있다. 이왕이면 다홍치마라고 설득의 내용보다는 설득자의 외적인 모습에서 더 중요한 믿음과 신뢰가 생기기도 한다. 누군가에게 자신의 주장을 펴고 싶다면 또 누군가를 자신의 편으로 만들고 싶다면 깔끔하고 정갈한 옷차림과 매력 있는 목소리로 지적이고 점잖게 설득해 보자.

★★★★ 4

설득 대상자의 특징 분석

1. 자존심이 강한 사람

자존심이 강한 사람은 그에 대한 존경을 최대한 표하면서 설득을 하여야 한다. 처음부터 자신의 의견을 제시해서 설득하려고 하면 설득을 시도하는 것 자체에 자존심을 상해하고 저항감을 가질 수 있기 때문이다. 이런 경우 자신의 문제에 관해 의견이나 조언을 구하는 것처럼 다가가서 자연스럽게 주장을 펴는 것이 중요하다.

2. 전문지식이 많은 사람

특정한 사안에 관해 설득할 때 상대가 그 분야의 전문가라면 철저한 준비가 필요하다. 논리적인 근거가 될 사항들을 미리 정리해서 설득을 시도하여야 한다. 또 다른 전문가의 의견이나 지식임을 강조하며 새로운 정보를 주는 방법으로 설득을 할 수도 있다. 전문 지식이 많은 사람은 자신의 지식과 설득의 내용이 부합될 때 오히려 쉽게 설득된다.

3. 불안 심리가 강한 사람

불안 심리가 강한 사람은 새로운 정보나 행동 변화를 두려워한다. 설득을 위해 다가가는 것에도 불안함을 느끼며 오히려 강하게 설득하는 사람을 밀어낼 수 있다. 자신을 방어하려는 경향이 강하기 때문에 설득이라는 목적을 드러내기보다는 같은 편에서 지지하고 도움을 주는 조언자로서 이야기하는 것이 더 효과적이다. 즉 대화의 목적을 구체적으로 말하지 말아야 한다.

4. 고령의 남성인 경우

설득 심리학에서 밝혀진 이론에 따르면 여성보다는 남성을 설득하기가 더 힘들다고 한다. 또 연령이 높을수록 설득이 어렵다고 밝혀졌다. 이론상 설득이 어려운 고령의 남성인 경우는 개개인의 특성과 성향을 잘 파악한 뒤 인간적이고 감성적인 방법으로 설득을 시도해야 한다. 외롭게 홀로 사시는 할아버지에게는 먼저 말동무가 되어드리며 신뢰를 쌓는 것이 좋다. 냉철하고 도회적인 도시 남성에게는 그의 이미지에 맞는 스마트하고 지적인 이미지로 다가서며 자신의 의견을 제시해 보자. 설득자에 대한 신뢰가 전제되어야 동조하게 된다.

5 설득과 소구 활용

1. 광고

설득의 목적이 가장 큰 메시지는 바로 광고이다. 광고에서는 메시지에 나타난 소구방법에 따라 설득 효과가 크게 달라진다. 메시지의 소구방법이란 광고의 메시지를 통해서 주장이나 내용들을 수용자가 받아들이도록 호소하는 방법이다. 메시지 소구는 크게 이성적 소구와 감성적 소구로 나뉜다. 가장 일반적인 이성적 소구는 실증적이며 논리적인 자료를 활용해 설득하는 소구이다. 감성적 소구란 메시지 내용이 수용자에게 감성과 감동을 만들어 가치관에 호소하게끔 하는 것을 말한다. 광고에서 주로 사용되는 설득법 가운데 감성적인 소구에 대해 알아보자.

① 스토리텔링 소구

스토리텔링 소구는 가장 친근하고 편안하다는 장점이 있다. 주로 2000년대가 되면서 광고에서 많이 사용하는 방법이다. 형식적인 정보전달의 형태에서 벗어나 재미있고 생생하게 이야기를 전하면서 소비자에게 몰입의 효과와 재미를 동시에 준다. 굳이 판매하고자 하는 제품이나 기업의 이미지와는 관련이 없더라도 소비자의 감성을 자극해 의사소통을 가능하게 하는 방법이며 이로써 공감을 끌어내는 표현 기법이다.

② 공포 소구

공포 소구는 혹시나 발생할지 모를 부정적인 결과를 알려주면서 메시지의 수신자에게 공포감을 유발한다. 그다음 부정적 결과를 모면할 수 있는 방안이나 제품에 제시된 방법을 따르도록 설득하는 소구 방법이다. 과거에 공포 소구는 사람들이 특정한 행위를 하지 않도록 주의 또는 금지시키는 캠페인에 많이 사용되었다. 예를 들어 금연이나 마약 캠페인 또 안전운전 캠페인에서 주로 공포 소구를 활용한다. 소비자에게 불안감이나 공포심을 주게 되면 기업의 이미지나 제품의 이미지에 부정적인 영향을 끼치지 않을까 하는 우려도 있지만 광고학에서의 연구들을 종합해 보면 실제로 사람들은 온정적이거나 유머러스한 광고보다도 공포 소구 광고를 더 많이 기억한다는 이론이 있다.

③ 유머 소구

유머의 효과는 대부분 긍정적인 요소가 많다. 광고에서도 마찬가지로 유머 소구는 소비자들이 광고의 메시지로부터 제품에 관심을 갖게 하고 호의적인 태도를 만들도록 유도한다. 비호의적인 태도를 가진 소비자에게는 브랜드나 제품에 대한 정보를 주는 메시지보다 유머가 오히려 반박 주장을 억제시키는 효과가 있다고 밝혀졌다. 하지만 설득의 목적이 분명해야 한다. 자칫 타깃의 대상을 잘못 선정하면 같은 유머라도 그 반응이 엇갈릴 수 있으며 메시지가 분명하게 전달되지 못할 수도 있다.

2. 판매

설득화법이 사용되는 대표적인 채널이 TV홈쇼핑과 라이브 커머스이다. 라이브 커머스는 모바일과 스트리밍의 기술이 발달하면서 비대면 소비 트렌드에 맞춰 급부상한 유통채널이다. 홈쇼핑이나 모바일 커머스에서의 화자 즉 진행자는 설득화법으로 소비자와 소통하며 구매를 촉진하는데 이성적인 소구와 감성적인 소구를 적절히 사용하여 소비자의 의사결정에 영향을 끼친다.

1. 홈쇼핑 상품 카테고리

식품	이미용	보험
주방	패션	여행
생활	잡화	유아동
가전	보석	레포츠
침구		
인테리어		

2. 카테고리별 상품 예시

주방용품?	냄비, 후라이팬, 디너셋트, 칼, 도마, 밀폐용기
생활용품?	세제, 빨래건조대, 밀대걸레, 리빙박스...
가전 – 대형가전?	냉장고, TV, 세탁기, 건조기, 스타일러, 에어콘
가전 – 소형가전?	청소기, 노트북, 공기청정기, 가습기
가전 – 생활, 주방가전?	스팀다리미, 면도기, 밥솥, 그릴, 믹서기
침구, 인테리어?	침구셋트, 베게, 카펫트, 커튼, 소파, 침대
이미용?	기초화장품, 색조, 헤어드라이기, 삼푸

3. 소구 전략

① 이성적 소구 (구매 포인트)

상품의 특성, 성능, 매력, 가격, 사용 후기, 구매조건 등 상품에 대한 정보를 말한다. 진행자는 이를 정확하면서도 자세히 전달해줌으로써 신뢰감과 전문성을 어필한다. 장점을 일방적으로 나열하기보다는 타제품과 비교해 경쟁력이 될 수 있을 만한 장점들을 2~3가지 정도 꼽아 고객들에게 설명한다. 더불어 고객이 궁금해하는 주요 정보들을 상세히 다룬다.

예를 들어 김치 상품을 이야기할 때 이성적인 내용에는 무엇이 있을까? 식재료의 특징, 맛, 발효기법, 보관방법, 위생관리 등일 것이다. 이런 주요 내용이 빠진 채 주변의 이야기로만 시간을 채우면 설득력이 떨어진다.

이밖에도 상품 자체가 가진 특징 이외에 다양한 전략으로 설득을 할 수 있다. 아래 표를 참고하자.

구매설득커뮤니케이션 전략특성

전략유형	소구포인트
상품매력성소구	상품의 특징, 상품의 우수성, 상품의 장점, 브랜드의 우월성
가격매력성소구	저렴한 가격, 할부
희소성소구	상품의 소진, 판매기회의 희소
사회적 증거제시	타 소비자의 호응, 구매자의 증가
긍정적 소비가치	가족화합, 교육의 기회, 효도
상호호혜성	선 사은품 제공과 호의 제공
권위호소	전문가의 조언과지지
구매안정성 보장	환불 및 취소가능

▲ 출처: 케이블 TV홈쇼핑 여행상품판매 쇼호스트의 구매설득 메시지에 나타난 소구전략 유형에 관한 연구/ 이정현 2010

② 감성적 소구(스토리텔링)

스토리텔링이란

홈쇼핑에서 스토리텔링은 상품에 관한 다양한 체험이나 경험, 생각들을 이야기하는 것이다. 고객의 고개를 끄덕이게 만들고 감정이입을 도와 상품의 필요성을 느끼게 하는 중요한 과정이다. 또 고객과 방송 사이 심리적인 거리를 좁히는 역할도 한다. 스토리텔링은 이성적 소구 포인트와 함께 자연스럽게 전달될 때 설득의 효과가 높아진다.

상품: 샤이닝 카라 니트
장점: 부드러운 소재

수입 메탈사로 되어 있으면 굉장히 비싸거든요. 그중에서도 아주 부드러운 메탈사를 넣어서 레이온으로 만든 거예요. 반짝반짝하고 찰랑찰랑해요. 물고기가 막 헤엄을 치는 것 같은 옷깃 보세요. 우리 어머니도 나이가 드시니까 "옷깃 있으면 나는 싫더라.", "답답하다.", "덥다." 그러세요. 그런데 이것은 살랑살랑 물결치는 그런 느낌의 카라 소재예요.

상품: 정리왕 실리쿡
장점: 다용도 하프 트레이 용기

자 여러분의 주방으로 가보겠습니다. "엄마, 시리얼 어딨어요?" 시리얼 찾느라 여기저기 찾고 난리죠. 그러다 김 봉지가 밑으로 뚝 떨어집니다. 아무래도 요즘 집에 있는 시간이 많기도 하고 한번 장 볼 때 많이 사야 저렴하다 보니까 아마 각 가정마다 수납이 다 부족하실 거예요. 그런데 여기 보세요. 문 열자마자 주르륵 떨어졌던 김은 지금처럼 전용 트레이에 깔끔하게 정리할 수 있어요. 이 하프 트레이는요, 팬트리에 사용해도 되지만 싱크대에 놔두시고 여러 가지 양념들을 쏙 넣어 보관할 수 있고요, 마스크도 정리하면 너무 깔끔하겠죠.

상품: 염색약
장점: 본품 1통 무료체험

저는 새치가 많아서 뿌리 부분 염색을 정말 자주 하는 편인데 아시잖아요. 전문가의 손을 빌리자니 가격도 만만치 않고 시간도 만만치 않아요. 그렇다고 집에서 염색하려면 이 염색제가 나한테 맞고 안 맞고를 아는 것도 쉽지가 않을뿐더러 모발, 두피, 색깔 여러 가지가 고민됩니다. 이 상품은요, 본 상품 한 팩을 통째로 무료체험분으로 드립니다. 나에게 잘 맞는지 안 맞는지 써보시고 결정하실 수 있다는 거죠. 제품이 과연 괜찮을까? 걱정하지 마세요. 44년 헤어 염색제의 명가 000에서 개발한 제품이고요, 무려 42개국에 수출하고 있는 제품입니다.

6

토의 기법

1. 토의란

어떤 주제나 문제에 대한 가장 최상의 해결방법을 찾기 위해 여럿이 함께 논의하는 방법을 말한다. 토의에 참가하는 전원이 자신이 가지고 있는 주제에 대한 정보나 의견 등을 서로 교환한다. 주로 대화 형식으로 이뤄지며 비교적 편안한 말하기를 통해 협동적인 사고의 과정을 거쳐서 최종 결론을 도출한다. 서로 다른 의견에 맞서 자신의 주장을 펼치기도 하지만 그 과정에서 상대방의 논리가 부당하다는 것을 자신만의 근거를 들어 밝히며 문제를 해결한다. 다수의 의견과 소수의 의견이 고르게 존중되며 도출된 결론 역시 모두가 공감하는 방안이 된다.

2. 토의 종류

1. 심포지엄

심포지엄은 원래 그리스어의 심포시아(symposia: 함께 술을 마시는 것)와 심포시온symposion: 향연(饗宴), 향응(饗應)에서 라틴어의 심포지엄symposium으로 옮겨진 말이다. 심포지엄은 특정 주제에 대해 서로 다른 의견을 가진 전문가나 권위자 3~4명이 참가하여 각각 의견을 청중에게 발표하고 그 뒤에 청중도 토의에 참가하는 방식이다. 보통 주제에 대한 의견을 참가자가 강연의 형식으로 청중에게 발표를 하게 되는데 주제에 대한 여러 분야의 전문가들의 의견을 들을 수 있다는 장점이 있다. 심포지엄에서 토의를 이끄는 것은 사회자이다. 사회자는 주제를 잘 파악한 뒤 청중에게 심포지엄의 주제와 토의에 참가하는 발표자에 대해 소개한다. 그리고 사회자는 전체적인 토의를 이끄는데 발표 순서를 정한 뒤 연사의 발표 시간을 할당하고 시간의 경과 또한 알려주면서 진행을 이끌어간다. 연사들의 이야기가 모두 끝나면 청중의 발언 시간이 주어진다. 보통 청중의 발언은 개인별 1분 이내로 제한한다. 심포지엄에서 유의해야 할 점은 다음과 같다.

- 주제를 분석한 뒤 전문가를 선정하여야 한다.
- 일반 청중에게도 미리 주제를 알려주고 참고 서적이나 지식도 권한다.
- 발표자의 발표 시간이 꼭 지켜져야 한다.
- 사회자는 발표자의 내용을 잘 숙지하고 이를 요약한 뒤 다시 청중에게 이야기해 주어야 한다.
- 전제 심포지엄 예상시간의 반 정도는 청중의 의견을 들어야 한다.
- 사회자는 청중의 질문을 수용하고 청중이 이해하기 쉽게 다시 풀어주어야 한다.
- 사회자는 심포지엄 마지막에 전체 토의에 대해 요점을 정리해서 간략한 의의를 이야기한다.

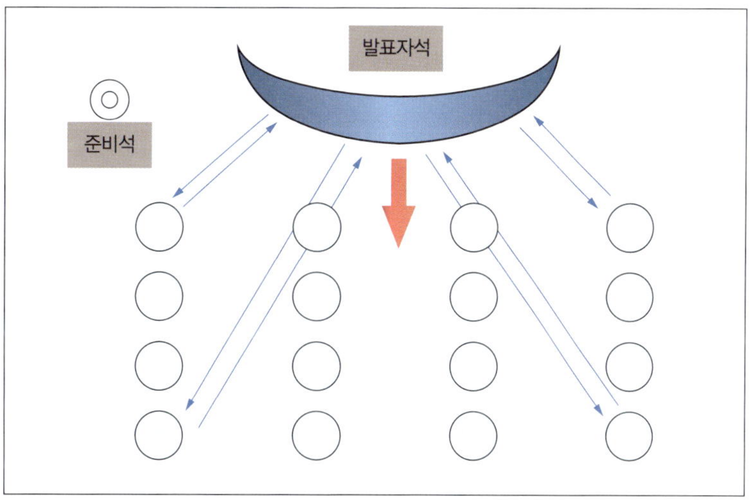

그림 12-2 심포지엄 자리 배치도

2. 패널 토의

패널 토의는 배심원 4~5명이 모여 사회자의 진행 아래 공동의 문제를 각각의 입장에서 토의를 하는 것이다. 보통 배심 토의라고도 한다. 패널 토의도 특정 사안에 대한 해결책을 찾는 것으로 청중 앞에서 배심원들이 각각의 지식과 정보를 발표하고 여러 가지 의견을 제시하는 협동적인 사고의 과정이다. 배심원의 토의가 끝나면 일반 청중이 사회자의 허락을 얻어 배심원을 지명하여 질문할 수 있다. 그리고 배심원의 의견을 사회자가 마지막으로 정리해서 결론을 요약하게 된다. 패널 토의의 특징은 주어진 사안에 대해 경험이 많거나 자세히 알고 있는 사람을 배심원으로 뽑게 되며 배심원들은 공동의 문제에 대해 최선의 노력으로 사안에 대한 이해와 명확한 결론을 얻기 위해 협력한다. 패널 토의에 있어서도 심포지엄과 마찬가지로 사회자의 역할이 매우 중요하다. 사회자가 유의할 점은 다음과 같다.

- 배심원들의 특성을 파악하고 그들의 이름을 소개하며 청중이 토의에 쉽게 참여하도록 하여야 한다.
- 토의 주제에 대하여 미리 숙지한 뒤 토의 후 결론을 이끌어낼 수 있어야 한다.
- 사회자가 명확한 이해를 돕기 위해 배심원에게 질문할 수는 있지만 자신의 의견을 내세워서는 안 된다.
- 청중의 질문 시간은 짧게 주고 배심원의 답변 또한 한쪽으로만 치우치지 않도록 노력하여야 한다.

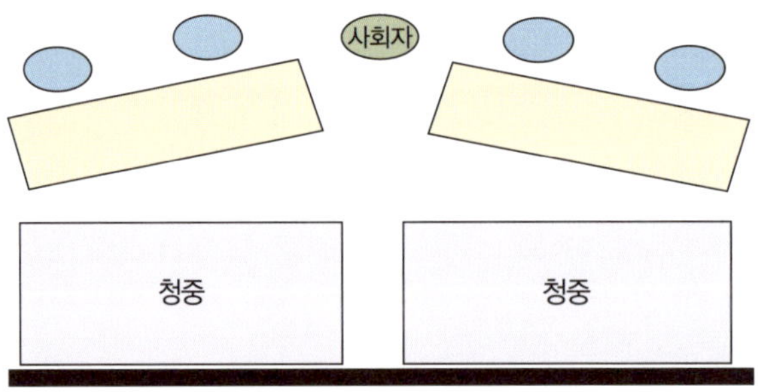

그림 12-3 패널 토의 자리 배치도

배심원들이 유의할 점이다.

- 패널 토의 주제에 대해 논의의 범위와 방향을 논의하고 결론 도출에 대한 윤곽도 포괄적으로 알고 있어야 한다.
- 토론 형식의 강한 어조가 아니라 자신의 의견을 정확하고 명확하게 말하여야 한다.
- 청중의 질문에 귀 기울이며 질문에 답변을 할 때에는 간결하고 정확하게 한다.

3. 포럼

포럼은 공공의 장소에서 공적인 문제 해결을 위해 공개적으로 토의하는 것을 말한다. 포럼Forum은 고대 로마에서 공적인 사안에 대해 공개 토의를 하고 재판을 했던 공공(公共)의 광장을 말한다. 그 뒤에는 공개 토의를 위한 '공공 집회장' 의미로 바뀌었고 그러면서 공공의 광장이 자연스레 공공의 문제에 관하여 토의를 하는 공개 토의를 뜻하게 된 것이다. 보통 포럼 토의는 방송에서 많이 채택하는 형식으로 저명한 학자나 전문가가 나와서 강연을 하고 그에게 청중이 질문하는 형식이다. 한두 명의 청중이 질문을 계속할 수 없으며 주제에 벗어난 질문도 삼가야 한다. 또 청중은 질문의 요지를 분명하게 드러내야 하며 공격적인 성격의 질문은 피한다. 오직 결론 도출을 위한 목적으로 논의가 이루어지는 것이 포럼의 요점이다.

4. 원탁 토의

원탁 토의란 10명 내외의 소규모 집단이 원탁에 앉아 주제에 대해 자유롭게 의견을 나누는 토의의 한 형태이다. 원탁 토의는 동등한 위치에서 자유로운 토의를 한다는 장점이 있는 반면, 토의에 익숙하지 않은 사람들은 자신의 의견을 내는 것만 신경 쓰다 보면 자칫 산만해질 수도 있다. 따라서 원탁 토의는 다른 토의보다 경청의 자세가 요구된다. 원탁 토의는 다른 토의에 비해 논의되는 내용이 비교적 자유롭다. 정치, 사회, 경제적인 문제부터 사교나 친교를 위한 목적의 주제까지 다양하게 주제를 선정할 수 있다. 때에 따라서는 논의의 주제나 관심사가 불분명할 때도 있고 사회자가 따로 없어 토의 이후에 결론을 도출하는 것에 한계가 있을 수 있다.

그림 12-4 원탁 회의 자리 배치도

5. 버즈 세션(Buzz session)

앞서 살펴본 패널 토의는 질의응답의 형식을 벗어나기가 어렵다. 청중의 질문을 한정해야 하며 패널 토의에 참여하는 청중이 많으면 많을수록 모두의 의견을 청취하는 것에 한계가 있다. 버즈 세션은 토의에 참가한 모든 사람의 의견을 듣고자 고안한 토의의 형식이다. 7인 안팎의 그룹으로 여러 그룹을 만들어 토의를 하는 형식이다. 각각의 그룹에는 사회자와 기록자를 정하고 미리 정한 토의 시간 안에서 참석자들의 의견을 고르게 수렴한다. 소집단들은 같은 주제로 토의하며 사회자는 토의 마지막에 전체를 종합하여 요약하는 시간을 갖는다.

버즈 세션은 토의에 참석하는 인원이 많더라도 작은 그룹으로 나눠서 발언의 기회를 많이 제공한다는 장점이 있다. 경청만 하는 토의자는 없고 모두 적극적으로 참여할 수 있다. 하지만 버즈 세션은 많은 의제를 진행시키는 데는 한계가 있으며 복잡하거나 전문적인 지식을 필요로 하는 의제는 부적합하다. 그리고 토의에 참석하는 전원의 지식수준이 같다는 보장이 없다. 이 때문에 버즈 세션에 들어가기 전에는 의제에 대한 정보제공이나 간단한 강연이 필요하며 토의가 끝난 뒤에도 전체 토의가 한 번 더 필요하다는 단점이 있다.

3. 토의 시 유의점

- 참석자 개개인이 공정한 분위기에서 발언의 기회를 가질 수 있어야 한다.
- 사회자는 전문가나 지식인, 청중 간에 차별 없이 의견을 존중해야 한다.

7 토론 기법

1. 토론이란

하나의 의제를 놓고 해결방안을 모색하는 말하기라는 점에서 토론은 토의에 포함된다. 하지만 토론은 의제에 대해 찬성과 반대 의견으로 나뉘어 서로 대립의 입장에서 상대방을 설득하려는 목적이 있다. 즉 자신의 논리적인 근거가 정당하고 상대방의 논리적인 근거는 부당하다는 것을 계속 밝히는 말하기 형식이다. 미국에서는 고등학교부터 토론 훈련을 받으며 토론에 대한 규칙을 익히고 사회에 나가서도 자유롭게 토론에 참여할 수 있도록 한다. 토론은 형식과 목적 그리고 방법에 따라 분류할 수 있다.

2. 토론의 종류

이인 토론

이인 토론은 두 명의 토론자와 한 명의 사회자로 진행이 된다. 사회자가 토론의 진행을 이끌며 각각 토론자에게 주어진 시간은 15분이다. 안건에 대해 긍정의 의견을 가지고 있는 토론자가 먼저 10분간 자기주장을 펼치면 안건에 대해 부정의 의견을 가진 토론자가 15분간 자신의 주장을 밝힌다. 다시 긍정의 의견을 가진 토론자가 5분 동안 논리적인 반박을 하고 토론이 끝난다.

직파 토론

시사 이슈를 다루는 방송 프로그램에서 많이 채택하는 토론 형식이다. 보통 2인이나 3인이 팀으로 대항한다. 사회자가 토론을 전반적으로 이끌며 안건에 대해 먼저 긍정의 토론자가 주장을 편다. 이후 반대의 의견을 가진 토론자가 논리적인 반박을 한다. 두 번째 긍정의 토론자가 첫 번째 부정 토론자의 부당한 논리를 밝히며 긍정 측의 주장을 보완한다. 이후 두 번째 부정 토론자가 부정의견 측의 주장을 편 뒤 세 번째 긍정 토론자가 이를 반박한다. 이를 계속 반복하면서 토론이 진행되고 주어진 시간은 사회자가 정확하게 제한하며 시간을 공정하게 할애한다. 서로 합의된 원칙 안에서는 토론자 수와 시간 할당은 조정이 가능하다.

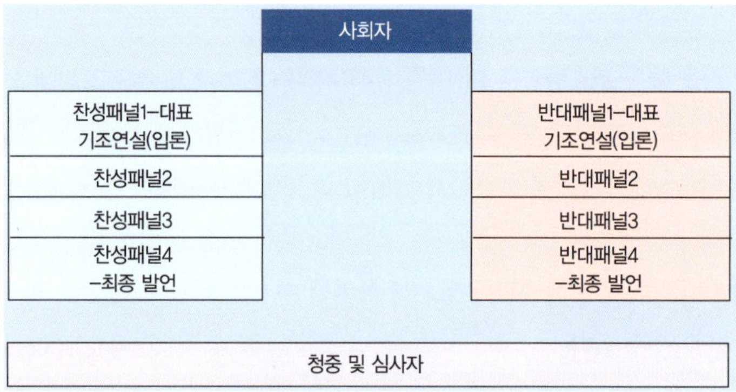

그림 12–5 직파토론 자리 배치도

반대 신문식 토론

반대 신문식 토론은 토론의 형식에다가 법정에서 행하는 반대 심문을 첨가한 형태이다. 이 토론 방법은 미국의 오레곤 주립대학에서 채택하였는데 '오레곤식 토론'이라고도 한다. 반대 신문식 토론은 청중과 토론자 모두에게 철저한 준비가 요구되며 신문은 '예'나 '아니오'로 대답할 수 있도록 한다. 답변은 한 문장이나 되도록 짧게 하는 것이 원칙이다.

3. 토론 시 유의점

- 토론 안건에 대한 정의를 제대로 내려야 한다.
- 논리적인 근거는 사실에 바탕이 되어야 한다.
- 결론을 추론할 때 논리적인 비약이 없어야 한다.
- 상대 토론자에게 강압적인 인신공격은 없어야 한다.
- 토론의 규칙을 따르며 사회자를 존중하여야 한다.
- 발언을 할 때에는 감정이입이 되지 않도록 주의하며 상대 토론자 역시 존중하여야 한다.

토의와 토론은 특정한 문제에 대해 서로 비판적인 의견과 정보를 교환하며 올바른 결론에 도달하려는 말하기 학습방법이다. 공공의 문제 해결을 위한 민주적인 사고의 전형적인 형태이기도 하다. 특히 기업의 입사시험이나 방송사의 면접, 대학입시 구술 면접에서도 토의와 토론 능력을 평가한다. 따라서 자신의 전문지식과 의견을 설득력 있게 잘 말할 수 있도록 기본적인 스피치 능력을 키워야 하겠다.

1
프레젠테이션이란

2
프레젠테이션 구성 요소

3
프레젠테이션 기획하기

4
프레젠테이션
자료 만들기

5 프레젠테이션 리허설

13장

프레젠테이션

1 ★ 프레젠테이션이란

프레젠테이션이란 다양한 기술과 도구를 사용해 다른 사람 앞에서 자신의 의견을 말하고 상대방의 감정 변화를 일으키는 커뮤니케이션의 일종이다. 프레젠테이션의 활용은 주로 학교에서 발표와 강의 때 지식의 전달을 위해 진행하며 세미나, 학회, 국제회의에서의 발표, 비즈니스 현장에서는 설득을 위해서도 쓰인다. 프레젠테이션은 방송 진행처럼 종합예술이라 불리기도 한다. 단순한 음성으로 전달하는 것이 아닌 눈짓과 몸짓, 목소리뿐 아니라 시각적, 청각적 자료를 이용해 무대 위 작품을 만들어 내는 활동이기 때문이다. 국내 한 연구에서 창업전문가는 창업에 대한 평가를 할 때 프레젠테이션 기획 및 구성 능력 그리고 전달능력을 중요한 점으로 꼽았다. 비즈니스 현장이나 면접에서 프레젠테이션의 역할이 커지고 있는 이유는 비즈니스 활동이 사람과의 관계에 의해 이뤄지며 사람의 마음을 움직이는 것은 소통의 힘이라고 보기 때문이다. 프레젠테이션의 능력이 때로는 승진이나 업무실적에도 영향을 주기 때문에 영향력 있는 사람의 대부분은 프리젠테이션에 능하다. 스티브잡스, 잭 웰치, 마윈 등 세계적인 최고 경영자들은 프레젠테이션에 탁월한 재능을 보이는 것을 보면 알 수 있다.

프레젠테이션은 목적과 상황에 따라 설득적 프레젠테이션, 정보성 프레젠테이션, 엔터테인먼트 프레젠테이션으로 분류할 수 있다. 설득적 프레젠테이션은 대부분 비즈니스현장에서 이뤄지는 것으로 청중을 설득해 원하는 목적을 이뤄내는 것을 말한다. 정보성 프레젠테이션은 지식을 전달하고 나눠주는 데 목적이 있다. 단순하게 생각하면 정보의 전달이기 때문에 시간 대비 많은 양의 정보를 주는 것이 좋은 것이라 착각할 수 있다. 주어진 시간 안에 청중의 상태와 환경을 고려해 필요한 내용을 중심으로 내용을 구성 해야 성공적인 프레젠테이션을 할 수 있다. 엔터테인먼트 프레젠테이션은 강연과 오락적 목적을 위한 사례로 들 수 있다. 해외 프로그램 TED나 국내 프로그램인 세상을 바꾸는 15분(세바시). 강연 100도씨 등이 있다. 강의가 지식을 목적으로 한다면 강연은 사람의 마음을 울려 행동을 변화시키는 데 목적을 둔다. 강연에서 사용되는 프레젠테이션은 프레젠터의 역량이 가장 많이 요구되며 때로는 오락성을 띄기도 한다.

2 프레젠테이션의 구성 요소

1. 내용contents

말한다는 행위에서 중심이 되는 요소는 콘텐츠 즉 내용이다. 프레젠테이션에서도 마찬가지로 내용구성이 핵심적인 요소라 할 수 있는데 어떤 것을 말할 것인가를 정하기 위해서는 다양한 분석이 필요하다. 이 분석을 3P 분석이라 하며 이를 통해 어떻게 내용구성을 할 것인지에 대한 기획이 동반되어야 한다. 목적과 목표를 정하고 자료를 수집한 다음 서론에는 주의를 집중시키고 주제와 관련한 흥미로운 메시지를 던진다. 다음 본론에서는 발표자가 전달하고자 하는 정보와 이를 뒷받침하는 근거들을 이야기하고 결론에서는 다시 한번 핵심적인 이야기로 마무리 지어 전체가 논리적으로 이어지도록 해야 한다.

2. 시청각 보조자료visual Aids

프레젠테이션은 사전적 의미로는 '발표'를 의미하고 발표자가 전달하려는 내용을 효과적으로 전달하기 위해 사용되는 보조적 도구이기도 하다. 유인물이나 팸플릿 등 문자를 중심으로 구성된 인쇄 타입의 자료들이 있다. 이 자료들은 단시간 내에 말하기 어려운 내용을 발표가 끝난 다음에 검토해 볼 수 있도록 하는 데 유용하다. 또 복잡한 개념을 요약해 차트나 다이어그램, 그래프 등으로 요약 정리해 문자를 시각화하기도 한다. 이밖에도 지루할 수 있는 발표 중간 중간에 환기와 집중을 이끌어 내기 쉬운 동영상 자료를 활용하는데 최근에는 동영상 활용을 많이 하는 추세이다. 무엇보다 시각적 자료 활용의 대부분은 파워포인트 프로그램이 주를 이룬다. 프레젠테이션이라고 하면 모두 파워포인트를 생각하는데 그만큼 발표 자료를 만드는 데 가장 널리 알려졌으며 유용한 프로그램이다. 그러나 스토리 형식의 발표를 하고 싶을 때는 좀 더 극적이고 시각적 활용을 높이기 위해 키노트나 프레지 프로그램을 이용하기도 한다.

3. 전달자delivery

프레젠테이션의 목적은 현장에서 청중의 마음을 흔드는 것이다. 청중이 호감을 느끼지 않으면 아무리 많은 공을 들여 준비해도 청중을 설득하기 어렵다. 전달자는 프레젠터의 역할로서 효과적이고 효율적으로 목적을 달성하는 사람이다. 사람의 호감을 이끌어내기 위해서는 프리젠터가 신뢰감을 주어야 하며 외모 역시도 내용에 맞게 준비할 필요가 있다.

외모에서 비롯되는 첫인상은 우리의 지각과 인식을 왜곡한다는 연구 결과도 있듯이 좋은 이미지는 사람 전체를 평가하는 데 지속적으로 영향을 미치게 된다. 발표자는 음성적으로 잘 들리게 하기 위한 목소리 훈련부터 자세, 표정, 시선과 같은 비음성적인 요소들을 조화시켜 청중들과 커뮤니케이션 할 수 있어야 한다.

★★★ 3

프레젠테이션 기획하기

프레젠테이션을 기획할 때 3P 분석이 선행되어야 하는데 3P란 purpose, people, place 이렇게 세 가지를 의미한다. 성공적인 프레젠테이션을 위한 필수 분석 단계라 할 수 있다.

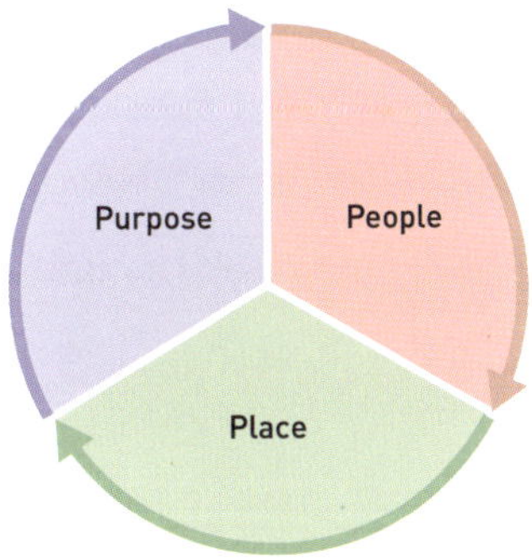

그림 13-1. 3p 분석

1. 목적과 목표 설정purpose

발표하는 목적이 설득이냐 정보냐 오락이냐에 따라 무엇을 어떻게 왜 말해야 하는지가 달라진다. 그 때문에 내가 지금 하는 이 프레젠테이션이 수업 중 정보를 위한 과제발표인지 홍보나 설득을 위한 목적인지를 파악하는 게 가장 우선으로 고려해야 할 부분이다. 목적이란 지향하는 바를 뜻하며 목표는 목적을 위한 세부적인 절차나 계획을 의미한다. 예를 들어 목적이 행복한 학교생활이라면 목표는 친구들과 함께 남해안 1박2일 여행 가기, 동아리 활동 적극적으로 하기 등이다. 목적과 목표가 잘 설정이 되면 프레젠테이션을 기획하고 만들 때 혼란스럽지 않게 만들어갈 수 있다. 간혹 과제나 미션이 주어지면 슬라이드부터 만들고 보는데 그렇게 되면 정작 중요한 포인트를 놓치기 십상이다.

예시 : 학교소개

목적	
목표	

주의사항 : 목표는 구체적으로 세우는 것이 좋다. 예를 들어, 친구들과 여행 가기라고 하면 너무 모호하다. 구체적으로 어느 곳을 어느 기간 동안 가는지 명시하는 것이다.

2. 청중분석people

프레젠테이션을 기획할 때 청중 분석은 빼놓을 수 없는 요소이다. 목적설정이나 흐름 설계 역시도 중요하지만 청중 분석을 하지 않은 채 기획을 하게 되면 멋진 프레젠테이션을 하고도 청중들이 전혀 공감하지 못하게 되는 경우가 생긴다. 프레젠테이션도 소통의 한 과정이므로 메시지를 전달받을 수신자에 대한 명확한 이해가 있어야 전달 과정의 노이즈를 최소화 할 수 있다. 참석자들의 인원이나 연령, 직급, 의사결정자 분석, 어떤 커뮤니케이션 스타일을 좋아하는지 등에 관한 분석을 해야 한다.

성별 분석	남성	여성
접근 방법	논리적인 전개, 이성적	구체적인 사례, 감성적
접근 전략	인과관계를 이야기함 증거자료나 수치에 대한 자료 통계 숫자를 사용	구체적으로 이야기함 경험담과 체험담 공감하는 커뮤니케이션

연령 분석	젊음	중년
접근 방법	트랜디하고 밝음	안전감과 신뢰성
접근 전략	속도 빠르게 친근감 있게 의상은 비즈니스 캐주얼 색채감 있고 트렌디한 도표 최신 동영상 및 자료	발음 정확, 음성 크게 존칭어 사용 화자의 전문성과 신뢰성 예의와 격식을 갖춘 복장 잘 보이는 도표와 큰 글씨의 자료

청중의 수	적음	많음
접근 방법	소통, 개별 활동	카리스마, 그룹 활동
접근 전략	개별 아이콘택트 질의응답 활용 아이스 브레이킹 활용 친근하게 진행	기자재 점검 필수(마이크 등) 그룹으로 하는 활동 준비 공간 언어사용 전략 카리스마와 유머 진행

실습 학교 홍보를 위한 기획 단계에 있다. 청중 분석을 하시오.

청중의 연령 및 특성	
주의해야 할 사항	
접근 전략	

그 밖에도 전문성이나 청중의 직업 등을 고려해 언어사용 수준 등을 결정해야 한다. 면접 시 프레젠테이션을 한다면 면접관의 분석이 필요하다. 그 회사에서 어떤 인재를 원하는지를 파악한 다음 전략을 짜야 한다. 또 제안 프레젠테이션의 경우도 심사위원의 정보를 다양한 경로를 통해 수집한 다음 그들이 어떤 것을 원하고 어떤 점을 높이 평가하는지 알아두면 유용하다. 무조건 멋지고 유창하게 발표하는 것을 좋아할 것이란 편견을 버리는 것이 좋다. 발표 스킬은 부족하지만 진정성이 드러나는 발표자를 선호하는 경우도 있으니 말이다.

3. 장소 분석place

프레젠테이션을 진행하는 장소나 환경, 자리 배치 등에 따라 발표 효과가 달라질 수 있으므로 현장 확인은 필수다. 조별로 앉아있는 형태의 좌석 배치는 장시간 앞만 보고 진행하면 자세가 불편해져 집중도가 떨어질 수 있으므로 유인물 등도 함께 확인한다거나 조별로 활동을 할 수 있는 PT를 준비해가면 좋다. 세로로 긴 강의실의 경우 슬라이드 글씨가 너무 작으면 뒤쪽에 앉은 사람들은 화면 내용이 잘 보이지 않을 수 있고 책상이 없는 의자만 있는 경우 역시도 이를 고려해 발표 준비를 해야 현장에서 당황하는 일이 없어진다. 필요한 경우는 담당자에게 자리 배치를 요구해 효과적인 시간이 될 수 있도록 하는 것이 좋다.

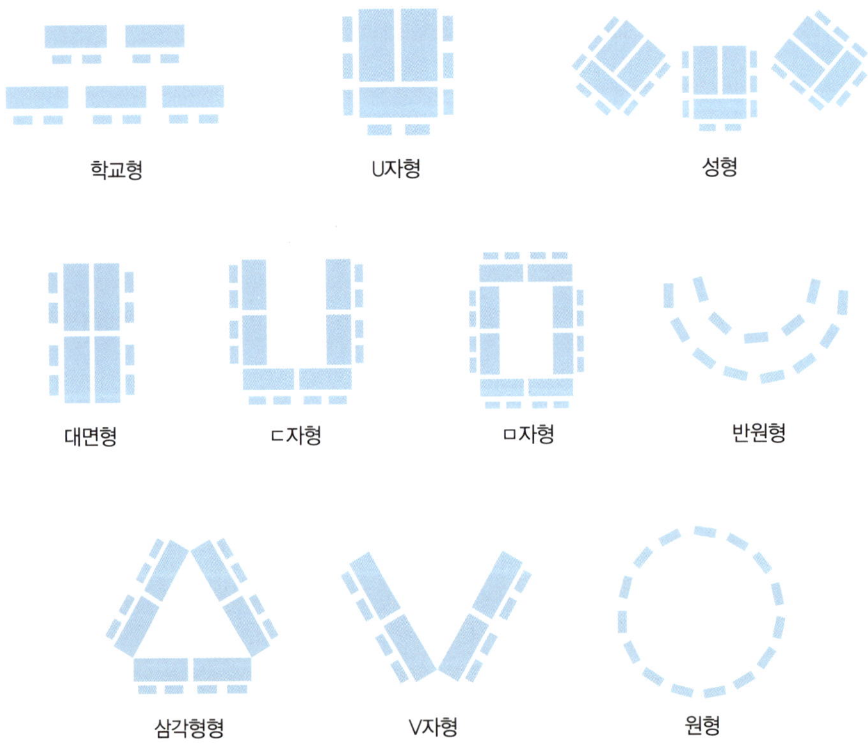

그림 13-2. 좌석 배치 모형

4. 흐름 설계하기

목적과 목표, 3P 분석이 끝나면 다음은 전체 흐름과 구성을 어떻게 가져가야 할 것인가에 대한 틀을 짠다. 흐름을 잘 설계하는 것은 건축물의 설계도와 같은 역할을 한다. 잘 짜여진 설계도는 건축물을 튼튼하고 안정감 있게 만들 수 있다. 프레젠테이션에서도 마찬가지다. 프레젠테이션에서 흐름은 크게 두 가지로 생각하면 된다. 3단 구성과 4단 구성이다. 3단 구성은 서론, 본론, 결론 형식의 논리성을 앞세워 기틀을 잡는 것인데 가장 많이 사용하는 방법이다. 서론에서는 강조할 핵심 사항을 이야기하고 본론에서는 구체적인 내용으로 진행하고 결론에서는 다시 핵심 사항을 정리해 마무리하는 비교적 간단하면서도 쉽게 접근할 수 있다. 4단 구성은 스티브잡스의 스토리 형식의 프레젠테이션이 주목을 받으며 등장하게 되었다. 그 이전에는 소설이나 드라마 같은 극적인 스토리 라인이 형성되는 구성물에 주로 쓰였지만 요즘 프레젠테이션에서도 많이 활용하는 추세다. 간단히 말하자면 논리적인 흐름에는 3단 구성이 적합하고 감성적인 흐름에는 4단 구성이 효율적이다.

예시 취업률이 높은 학교를 콘셉트로 흐름을 간략하게 메모해 보자

3단 구성의 흐름	4단 구성의 흐름
서론 : • 대학을 선택할 때 가장 중요한 것은 취업률이다 (실질적 취업률에 대한 각 학교의 데이터 자료, 취업생 현황)	**발단 :** • 5포시대에 살고 있는 우리
본론 : • 학교 소개 (학교 특성, 과 소개, 교수 소개, 교내 외 활동, 취업에 필요한 자격증 및 학교의 경쟁력)	**전개 :** • 우리가 포기한 건 취업? • 하지만 아직 포기하긴 이르다. • 어떤 멘토를 만나느냐에 따라 삶이 달라질 수 있다.
결론 : • 학교의 경쟁력은 곧 나의 경쟁력 • 취업률이 가장 높은 곳은 바로 이 곳에서 나의 경쟁력을 만들어라.	**절정 :** • 학교 소개 • 취업과 성공을 함께 이룬 선배들의 이야기 영상과 기록
	결말 : • 취업고민은 학교가 한다. • 대학생활은 대학생답게!! • 멋진 대학 생활이 펼쳐질 학교

실습 교수가 제시한 예시를 듣고 논리적인 구성과 스토리형식의 구성 중 하나를 선택해 간단히 요점만 메모해 보자.

3단 구성의 흐름	4단 구성의 흐름
서론 :	발단 :
본론 :	전개 :
결론 :	절정 :
	결말 :

★★★★ 4

프레젠테이션 자료 만들기

1. 자료조사

기획에서 무엇을 말할 것인지가 결정됐다면 자료조사는 그 무엇들을 수집하는 단계이다. 자료는 전방위적으로 다양하게 수집하는 것이 좋으며 구체적인 수치나 사례들이 주장을 뒷받침하기 좋다. 간혹 주제가 정해지면 다양한 자료조사를 한 다음 회의를 거쳐 목표 방향을 만들기도 한다.

실습 학교 소개에 맞는 자료들을 조사하고 빈칸에 자료들을 채워 넣으시오.

2. 자료 디자인하기

말할 재료들이 수집되면 기획에서 짜놓은 구성대로 재료들을 나열해 보는 것이다. 서로 논리적으로 문제가 없는지 얼마나 설득적인지 빼야할 내용은 없는지 등을 체크해 가며 스토리 보드형식의 초안을 만들어 본다.

1차 디자인 - 자료를 기획에 맞게 나열한다.

MECE, 로직트리 이용해 자료 디자인하기 첨부

MECE란 전체를 분류해 사고하는 방식으로 어떤 개념이나 주제를 분류할 때 겹치는 부분이 없고 빠지는 부분도 없이 전체를 파악하는 것이다. 로직트리는 이를 상위개념부터 하위개념까지 분해하는 과정이며 논리적이고 체계적으로 문제를 풀어갈 수 있다.

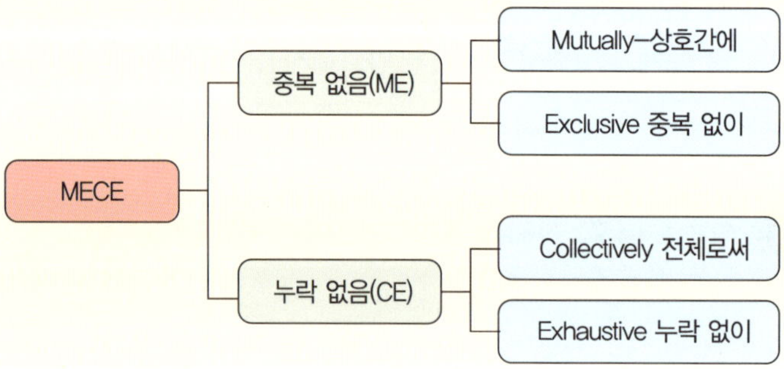

주의사항 : 분해하는 과정이나 방향이 의미가 있어야 하며 분해할 대상이 구체적이고 객관적이어야 한다. 크기나 비중이 비슷해야 전개가 균형 있게 다뤄질 수 있다.

2차 디자인 - 전체 스토리보드 작성, 효과, 시청각적 자료 첨부 등의 세밀한 내용도 함께 디자인 한다.

3. 슬라이드 만들기

먼저 템플릿을 설정한다. 템플릿은 주제에 맞고 발표 대상을 고려해 선택하거나 제작한다. 강조가 필요하지 않은 부분은 통일시켜주고 배경색과 모양, 글자색은 통일해서 사용하는 것이 좋다. 슬라이드의 제목은 길지 않게 하며 슬라이드가 전달하려는 메시지를 한 구절로 표현하는 것이 좋다. 문자의 경우 고딕체 계통(고딕, 돋움, 굴림)을 기본으로 한다. 여러 가지 글꼴을 사용하면 혼란스럽기 때문에 두 가지 정도를 사용해 제작하는 것이 좋다.

문자 정보는 항목화시키는 것이 좋다. 프레젠테이션에서 문자는 청중들이 읽는 것이 아니라 보는 것에 가깝기 때문에 최대한 시각화 한다.

그림 13-3. 교육제안서

출처: 이미지 제너레이션

4. 원고작성 (개요작성)

★★★★★ 5

프레젠테이션 리허설

최종 리허설에 들어가기에 앞서 원고와 슬라이드가 잘 연결되도록 사전 연습을 해본다. 먼저 키워드로 작성된 원고를 이해한 다음 원고와 슬라이드를 연결해보고 원고와 슬라이드 그라고 비언어적인 요소들과 잘 어우러지는지 다시 연습한다. 그리고 실제 장소라고 가정하고 이미지 트레이닝에 들어가는 것이다. 최종 리허설은 아래와 같은 순서로 진행한다. Q&A 시간이 별도로 주어지는 경우는 클로징 이후에 질의응답이 이어지지만 보통은 클로징 전에 질의응답이 진행되므로 프레젠테이션의 성격을 충분히 파악한 다음 진행하도록 하자.

준비 ➧ 등장 ➧ 오프닝 ➧ 진행 ➧ 클로징 ➧ Q & A ➧ 퇴장

① 준비

설명할 장소에 서서 무대를 한번 훑어보고 시야와 시선 처리에 대한 계획을 짠다. 이야기를 들을 주요 청중의 위치를 파악한다. 기자재가 잘 세팅되어 있는지 확인하고, 포인터기가 잘 작동하는지 확인한다. 포인터기는 노트북이나 컴퓨터에 꽂고 5분가량이 지나야 작동하기 때문에 미리 꽂아두지 않으면 시작할 때 슬라이드가 넘어가지 않아 시간을 지체하는 경우가 있다. 나눠줄 유인물이 있다면 인원에 맞게 책상 위에 잘 두었는지 확인한다.

② 등장

자리에서 일어나 단상으로 걸어가 앞쪽에 선 다음 참석자를 둘러보는 여유를 갖고 인사를 시작한다. 인사와 자기소개는 짧고 간단하게 하며 특히 시작하기에 앞서 준비가 부족했느

니 감기에 걸려 목소리가 좋지 않다는 등의 부정적인 이야기로 시작하지 않게 주의한다. 발과 몸의 방향이 참석자를 향하도록 바른 자세로 선다.

③ 오프닝

프레젠테이션의 오프닝은 핵심적인 내용을 말하거나 청중을 집중시키는 중요한 순서라는 것을 명심하자. 명확한 음성과 발음, 눈 맞춤으로 신뢰감과 흥미를 유발하도록 한다.

④ 진행

준비된 내용을 발표할 때 슬라이드를 읽지 않도록 주의한다. 슬라이드보다 앞서서 말을 이어가면 준비성이 돋보일 수 있다. 절대 슬라이드만 보고 말하지 말고 청중과의 교감을 생각하며 진행한다. 중간 중간에 짧은 사례나 간단한 질문을 통해 청중과의 상호작용을 하면 좋다. 기초과정에서 배운 강조법을 이용해 지루하지 않게 진행할 수 있도록 하자.

⑤ 클로징

오프닝에서 핵심내용을 말했다면 클로징에서는 중요한 내용을 다시 함축해서 정리하는 시간이다. 청중들은 중간내용을 모두 기억하지 않는다. 때문에 클로징에서 가장 기억하게 하고 싶은 이야기로 정리를 하고 오프닝에서의 이미지가 마지막까지 연결될 수 있도록 신경 쓴다.

⑥ Q&A

많은 사람들이 질의응답 시간을 놓치거나 시간이 부족해서 하지 못하는 경우가 있는데 질의응답도 프레젠테이션 발표에 있어 중요한 순서라는 것을 명심하자. 또한 그 내용에 대해 얼마나 많은 공을 들였는지를 알 수 있는 시간이기도 하다. 질문에 대해 유연하게 대처하기 위해서는 내용 전반에 대한 이해가 필수기 때문에 이 시간을 대비하는 방법은 기획부터 제작 발표까지 깊은 관여가 필요하다.

⑦ 퇴장

발표가 두려운 사람은 마음의 여유가 없기 때문에 급하게 무대 위를 벗어나는 행동을 보인다. 면접이든 발표든 문을 닫고 나가는 순간까지 긴장을 놓으면 안 된다. 처음에 긍정적인 모습으로 애쓰며 했던 내용에 진정성이 느껴지게 하려면 인사하고 퇴장할 때까지의 표정 관리도 중요하다. 끝났다고 무뚝뚝한 표정으로 바뀌어 버리지 않도록 주의하자.

⑧ 최종 모니터링

리허설을 마치고 난 다음 녹화된 아래 항목을 보면서 모니터링 해보자.

- 목소리의 크기는 적당한가?
  (마이크 사용 시 숨소리나 울림, 퍽퍽거리는 소리는 없는가?)
- 발음은 분명한가?
- 어미 처리가 확실해 자신감이 드러나는가?
- 청중의 수준에 맞는 눈높이 단어를 사용했는가?
- 반말이나 지나친 존대로 흐름을 방해하지 않았는가?
- 말의 속도는 적당한가?
- 강조하고 싶은 내용이 잘 전달되었는가?
- 딱딱한 문어체로 말하지 않고 대화체로 편하게 말하는가?
- 자세가 흐트러져 있거나 잦은 손동작을 하지는 않는가?
- 눈 맞춤이 제대로 이루어지는가?

1 인터뷰란

2 인터뷰 시 주의 사항

3 질문 요령

4 답변 요령

5 인터뷰 실습

14장

방송 인터뷰

1 · 인터뷰란

인터뷰란 라틴어에서 유래한 inter[between, among]**과 view**[to see]**의 합성어**로 무엇을 의논하기 전에 사람들을 직접 만나는 것, 기자의 활동이나 의견이 기사의 대상이 되는 인물과의 만남을 의미한다. 미디어에서 뉴스 인터뷰를 하는 이유는 기술적인 방법으로 화면 구성이 어려운 경우 이용하기도 하고 전문적인 정보를 수집하면서 균형을 맞추는 수단이 되기도 한다. 그밖에도 각종 교양프로그램과 연예프로그램에서는 게스트들의 답변을 통해 시청자들의 궁금증을 해소하고 게스트의 생각과 삶에 대해 알아봄으로써 흥미와 재미를 더하는 작용을 한다. 이렇듯 인터뷰는 취재와 TV프로그램을 위해 필요한 하나의 화면 구성 요소의 하나로 이용되어 왔다면 이제는 뉴미디어가 발달하면서 일반인이나 네티즌들도 인터뷰를 하고 수집된 정보를 개인의 SNS나 블로그에 개재하고 있다. 이제는 인터뷰어와 인터뷰이가 따로 존재하지 않으며 누구나 답변을 하는 대상이 되고 때로는 질문을 할 수 있는 주체자가 되기도 한다.

인터뷰는 쉽게 말해 질문하기와 답변하기로 구성된 스피치의 유형이다. 그러나 단순한 질문과 답변으로 이루어진 형식적인 주고받는 행위를 넘어선다. 한 사람과 사람이 만나 교감을 이루고 이야기를 나누는 의미 있는 성격의 상호작용이기 때문에 그 의미를 알고 활용해야 한다. 국가대표 축구선수들의 방송 인터뷰에 대한 연구에서는(2005. 이은하) 스포츠 스타들이 방송 인터뷰를 통해 자신을 어필하는 방법을 터득할 수 있고 좋은 이미지를 전달하는 도움이 된다고 밝혔다. 회사에서는 홍보의 수단이나 위기대응의 방법으로 이용할 수 있고 창업가나 사업의 경우는 회사의 비전과 제품에 대한 홍보를 위한 중요한 역할이 될 수 있다.

2 인터뷰 시 주의 사항

1. 마이크의 사용법

스탠드 마이크　　핸디형 마이크　　무선 핀 마이크

그림 14-1. 마이크의 종류

① 스탠드 마이크 – 몸의 자세가 관건

인터뷰의 장소에 따라 마이크의 형태가 다르고 주의해야 할 점도 다르다. 첫 번째는 스튜디오에 고정 형태로 되어 있는 마이크인데 마이크가 고정되어 있어서 몸의 자세가 중요하다. 몸이 흔들리거나 말하는 도중 방향을 갑자기 틀면 목소리의 변화가 크기 때문에 주의해야한다.

② 야외 인터뷰 마이크 – 고개의 움직임이 관건

두 번째 무선 핀 마이크의 경우 야외 현장에서 인터뷰할 때 주로 쓰이는데 옷에 착용을 하기 때문에 얼굴과 가까이 고정되어 있다. 고개를 옆으로 돌려서 말하면 마이크와의 거리가 갑자기 멀어지기 때문에 주의해야 한다. 이때는 몸과 함께 돌려 최대한 마이크와의 거리를 유지하며 옷깃이 움직이거나 작은 움직임에도 부스럭거리는 소음이 들어가기 때문에 주의하자.

③ 휴대형 마이크 – 손의 위치가 관건

휴대형 마이크는 손 모양에 따라 그 느낌이 많이 다르다. 보통 노래방에서 마이크를 잡듯이 기교를 부리지 않고 단정하게 손을 모아서 잡는 것이 좋다. 마이크는 코 라인에 맞춰 일직선이 되게 해주고 마이크의 머리 부분은 아랫입술 약간 아래에 있는 것이 좋으며 마이크가 흔들리지 않도록 팔을 몸에 밀착시키고 안정감 있게 말하도록 해야 한다.

2. 카메라 보는 법

카메라의 시선 처리는 누구를 향해 말하고 있느냐에 따라 달라진다. 시청자들을 향해 직접 내가 말하는 경우라면 카메라를 보며 말하고 그렇지 않은 경우는 카메라를 의식하지 않고 인터뷰어를 보며 말하면 된다. 때로는 두 가지를 적절하게 섞어서 말하는 경우도 있다. TV프로그램 토크쇼의 경우는 질문자와 답변자만 있는 것이 아니라 방청객도 있고 시청자의 눈을 대신하는 카메라도 있기 때문에 말의 내용에 따라 시선을 다양하게 두는 경우가 많다. 이때 자신도 모르게 눈을 너무 자주 깜박인다거나 눈동자가 불안정하게 움직일 수 있다. 이처럼 시선처리가 불안하면 평소에 훈련을 해두는 것이 좋다. 인터뷰어는 인터뷰이의 전체적인 이미지나 카메라를 잘 받는 위치 등을 센스 있게 알아차리고 되도록 좋은 이미지로 부각될 수 있도록 도와주어야 할 것이다.

3. 약속과 신뢰

인터뷰는 사람과 사람 사이의 관계를 바탕으로 이뤄지는 소통의 유형이라 할 수 있다. 만남에 대한 약속을 잘 지키고 무례하거나 서로를 어색하게 만드는 질문과 답변은 유의해야 한다. 또 고정관념을 버리고 임해야 상대의 마음을 열 수 있다. 예를 들어 인터뷰이는 인터뷰어가 나를 경계하고 나에 대해 어떤 것을 알아내고 기삿거리를 찾기 위해 물불가리지 않을 것이라는 생각을 가질 수 있다. 또 인터뷰어는 인터뷰이가 사업가이기 때문에 손해 보지 않으려 할 것이라는 고정관념과 편견을 버려야 한다는 것이다. 인터뷰이는 마음을 열고 많은 도움을 주겠다는 마음으로 임하면 좋을 것이다. 인터뷰어는 상대를 존중하는 마음과 그에 상응하는 단어와 존칭어를 사용해 상대를 배려한다면 매끄러운 인터뷰를 만들 수 있다.

3 질문 요령

1. 인터뷰이에 대한 사전 분석과 배려

게스트와 관련한 그동안의 이력 사항, 철학, 피하고 싶어 하는 부분에 관해 미리 조사한다. 또 인터뷰이가 풍부한 경험자일 수도 있지만 처음 방송에 나와 긴장을 하게 되는 경우가 있기 때문에 미리 분위기를 편안하게 만들어 주는 것도 인터뷰어의 역할이다. 스텝들과 가벼운 인사를 나누게 한다거나 미리 리허설을 할 시간을 주어 편안한 마음과 자신감을 심어주는 것이 좋다. 또 사전 분석을 통해 인터뷰이가 꺼려하는 질문에 대해서는 조심하는 것이 좋다.

2. 경청과 피드백

질문하는 사람이 잘해야 하는 것은 잘 듣는 것이다. 잘 듣는다는 것은 이해력이 좋다는 뜻이면서도 상대방이 잘 듣고 있다고 안심시키는 일이기도 하다. 경청의 요령을 잘 습득한다면 말하는 사람의 흥을 불러일으켜 더 재미있는 이야기들을 많이 들을 수 있다.

경청의 방법으로는 답한 내용의 중요한 단어를 질문자도 함께 사용함으로써 듣는 사람들의 이해를 돕는 것이다. 하지만 습관적으로 말끝을 따라 하는 것은 좋지 못하다. 예를 들어 " ○○○점이 가장 큰 효과이겠지요."라는 답변 뒤에 "가장 큰 효과군요." 또는 "좋은 방법입니다."라는 말이 끝나고 질문을 하기 전 "좋은 방법이군요. 그렇다면."이라고 형식적인 말을 반복해 이어나가는 것은 경청의 기술이라고 볼 수 없다. 하나의 버릇에 가깝기 때문에 의미 없는 반복적인 말들을 하고 있지 않은지 주의하자. 또 경청의 방법 중의 한 가지는 고개를 끄덕이는 것인데 인터뷰어가 상대의 말을 주의 깊게 듣지 않고 고개만 반복적으로 끄덕이는 경우가 있다. 게다가 답변하는 사람을 보는 것이 아니라 다음 질문만 준비하는 모습을 보인다면 오히려 인터뷰어의 신뢰감이 떨어질 수 있으니 주의하자.

3. 요령 있게 질문하라

질문의 유형에는 크게 선택형 질문과 오픈형 질문이 있다. 선택형은 "이것이 좋은가요?", "저것이 좋은가요?"의 유형이다. 많은 이야기를 들어야 하는 인터뷰에서는 "예." 혹은 "아니오."라는 답변이 나오는 질문유형을 피하는 것이 좋다. 이런 질문이 반복되면 인터뷰어의 질문의 양만 많아질 뿐 양질의 스토리를 얻어내기 어렵다. 예를 들어 "좋으세요?"라는 질문을 하면 "좋다.", "좋지 않다.", "잘 모르겠다."라는 답변이 나올 수 있지만 "어떠세요?"라는 질문을 하게 되면 다양한 답변이 나올 수 있다는 것이다. 하지만 선택형 질문이 꼭 나쁜 것만은 아니다. 소극적인 상대에게는 어느 정도 선택을 할 수 있도록 기준을 잡아주는 역할을 하므로 평소에는 적절하게 사용한다면 긍정적인 효과를 볼 수 있다.

오픈형 질문은 전문가나 말하기를 좋아하는 사람에게 적합한 질문인데 많은 이야기를 할 수 있도록 답변의 문을 활짝 열어두는 것이다. "어떻게 하면 좋을까요?"라고 묻는다면 전문가적인 견해에서 혹은 자기 생각의 기준대로 다양하고 깊은 이야기를 이끌어낼 수 있다.

4. 주제를 이끌어가라

경험이 많고 능숙한 인터뷰이들은 간혹 자신의 이익이나 목적에 맞게 인터뷰를 이용하는 경우가 있다. 특히 정치적이거나 비즈니스적인 성격이 강해지면 인터뷰의 목적에 벗어날 수 있기 때문에 수위조절과 주제에 대한 흐름을 잡아가는 역할을 인터뷰어가 해주어야 한다.

4 답변 요령

1. 의도를 파악하라

의도를 파악하는 데 가장 쉬운 방법은 인터뷰 질문서를 미리 받아보는 것이다. 아니면 어떤 방향으로 인터뷰를 진행하는지 인터뷰어에게 물어보아야 할 것이다. 질문서를 받은 후는 관련된 답변을 사전에 생각해 두는 것이 좋다.

2. 결론부터 간단하고 명확하게 답한다.

TV 인터뷰도 면접과 같이 흐름을 잃어서는 안된다. 즉 질문의 의도가 무엇인지 파악했다면 이야기가 끝날 때까지 그 흐름의 맥이 이어져야 한다. 그래서 답변이 삼천포로 빠지는 것을 방지하기 위해 결론부터 말하는 두괄식을 선택한다. TV 인터뷰에서도 긴장이 되거나 익숙하지 않은 상태라면 결론을 먼저 말해서 뒷이야기가 조금 미약하더라도 그 뜻이나 의도가 분명히 전달될 수 있도록 해야 할 것이다. 이야기는 장황하지 않게 핵심만 말하는 것이 좋다. 예능 인터뷰의 경우는 논리적인 대답도 중요하지만 이야기의 포인트를 살리면서도 재미를 줄 수 있는 요소를 생각해보는 것도 좋을 것이다.

3. 긴장을 놓지 말자

위기나 부정적인 이슈로 이야기를 해야 하는 경우 사전 준비하지 않은 내용에 대해서는 말하는 것을 주의한다. 인터뷰어는 인터뷰의 전문가이기 때문에 심리적으로 마음을 편하게 해 듣고 싶은 이야기를 끌어내거나 자극을 주어 순간적인 실수를 유도할 수도 있기 때문이다. 우리가 미디어에서 말실수 하나로 이미지에 치명적인 손상을 입는 연예인을 흔히 볼 수 있다. 특히 카메라 안에서는 좋은 이미지로 나가다가 인터뷰가 끝났거나 보는 사람이 없다고 해서 말을 함부로 하다가는 큰코다칠 수 있다.

4. 솔직해야 한다.

어떤 형태의 커뮤니케이션이든 솔직함은 빼놓을 수 없는 중요한 요소이다. 솔직함은 진정성과 연관을 지어 생각해 볼 수 있다. 시청자들은 더이상 출연자들의 연기에 빠져들지 않는다. 특히 리얼리티 프로그램에서는 짜인 각본대로 움직이는 것일지라도 시청자들은 출연진들의 실제 성향과 마음이 거짓 없이 드러나길 바란다. 인터뷰에 있어서도 모르는 것은 모른다고 솔직하게 답변하는 것이 좋다. 또 찬반 의견에 대해서도 인기를 의식해 대중이 원하는 방향으로 답을 하게 되면 후속 질문에 의해 금방 본심이 드러날 수 있다.

5. 단답형이 되지 않도록 주의한다.

풍부한 답변을 하기 위해서는 인터뷰어나 인터뷰이 모두 노력이 필요하다. 인터뷰어는 좋은 질문을 던져야 하고 인터뷰이이는 인터뷰어의 질문이 폐쇄적일지라도 현명하게 답변해야 할 것이다. "좋으시죠?"라고 물어봤다고 해서 '네'라고 답변하는 것이 아니라 "네, 좋습니다."라는 말 뒤에 자신의 견해와 경험담 전문 지식 등을 곁들인다면 좋을 것이다.

★★★★★ 5

인터뷰 실습

인터뷰 상황을 만들어 질문에 대한 대답을 구상하고 내용을 정리하시오.

상황 1	
질문	1 : 2 : 3 :
답변	1 : 2 : 3 :

상황 2	
질문	1: 2: 3:
답변	1: 2: 3:

1

뉴미디어 속 대화 매너

2

전화 매너

3

호칭 매너와 압존법

4

조문과 병문안

15장

현대 사회와 스피치 매너

현대사회는

미디어가 다양해지고

발달하면서

소통방법과 스피치의 유형 또한 다채로워지고 있다.

화상 공간에서 회의하거나 수업이 이뤄지는 일이 많아지면서

특수한 소통유형이

나타나기도 한다.

1 뉴미디어 속 대화 매너

1. SNS

SNS와 같은 사회관계망 서비스가 발달하면서 온라인에서 정보와 지식, 의견을 주고받는 일이 잦아졌다. 급속도로 퍼져가는 매체의 특성상 한 번의 실수가 자신의 관계에 치명적인 고립을 가져다줄 수도 있기 때문에 이에 맞는 스피치의 매너와 스킬들을 익혀야 한다.

SNS 대화의 특징은 입말이 즉각적으로 글말로 전환되어 문자의 형태로 전달된다. 문법적으로 정확하지 않거나 표준어가 아닌 구어체가 SNS라는 플랫폼을 통해서 다시 문어체로 만들어지는데 최근 SNS를 통한 대화체는 세대별로 개성 있고 독특한 언어를 만들어 내고 있다. 가장 대표적인 특징 중 하나는 소리 나는 그대로 문자를 입력하는 것인데 예를 들면 '조아', '시러'처럼 연철 표기가 많다. 또 의성어나 의태어는 'ㅎㅎㅎ' 'ㅋㅋㅋ'처럼 간략하게 표현되며 초성만으로도 누구나 알 수 있는 SNS 언어가 되었다. '웅', '그래'라는 긍정의 의미는 'ㅇㅇ'으로 통용되고 있다. 그리고 애교 섞인 말투나 친근함을 표현하기 위해 'ㅇ'와 'ㅁ'을 덧붙이는 경우도 많은데 '좋아질 거양', ' 괜찮아질 거얌' 등의 말투도 빈번하게 나타나고 있다. 그러나 SNS상에서는 ~'ㅇ'이나 'ㅁ'의 사용이~ 오히려 친절한 이미지를 만들 수도 있고 부드러운 느낌의 대화를 만들기도 한다. 특히 거절의 단어일 경우에는 단어 그대로 표기하는 것보다 'ㅇ'이나 'ㅁ'을~ 사용해 말투에 변화를 주게 되면 좀 더 우호적인 분위기에서 대화를 끝낼 수도 있다.

게다가 SNS의 대화는 오프라인에서의 대화와는 다르게 표정이나 말투, 억양으로 감정의 변화를 나타낼 수 없다. 그래서 이를 대신할 의성어와 의태어를 많이 사용하는 특징이 있다. 고맙다는 인사를 대신하는 '꾸벅', 맛있게 먹는다는 표현의 '냠냠', 놀라는 의미의 '헐', 위로의 뜻을 나타내는 '토닥토닥' 등 입말의 특징을 그대로 문자로 담아내기도 한다.

하지만 업무와 관련이 있거나 공식적인 대화를 할 경우 표준어를 사용하는 것이 좋다. 자칫 지나치게 개성만을 나타내는 줄임말이나 비표준어의 남용은 진정성이 떨어진다는 이미지를 줄 수도 있기 때문이다.

그림 15-1. SNS

2. e-mail 매너

이메일은 현대사회에서 중요한 소통 매개체 중 하나로 개인적인 생활보다는 공적인 업무나 학술적인 내용을 주고받는 경우가 대부분이다. 이때 제대로 익힌 매너는 나의 가치를 높이는 기회가 될 수 있다. 전 세계 이메일 사용자 수는 14억 명, 1년에 약 90조 건, 1초에 300여만 건의 메일을 주고받는다고 하니 이메일 매너는 선택이 아닌 필수일 것이다.

1. 제목에 내용을 담아라.

쏟아지는 메일을 쌓이게 되면 중요한 메일을 놓치는 경우가 생기기도 하고 추후 다시 자료를 확인해야 하는 경우가 있다. 이때 메일의 제목으로 검색을 하는 경우가 생긴다. 그런데 찾아도 나오지 않는다면 대부분 메일 제목이 내용을 함축하지 못하고 있는 경우다. 메일 제목에는 내용의 핵심 정보가 노출될 수 있도록 해야 한다. 중요한 사항이라면 [긴급]이라는 단어를 쓰거나 [2차

회의 관련 내용] [제안서 첨부] 등의 머리말을 달아주면 메일을 주고받는 사람 모두 편하다. 처음 메일을 주고받을 때는 '안녕하세요, ○○○입니다.'라고 제목을 쓰는 경우도 있지만 비즈니스 내용을 담을 예정이라면 그에 맞는 제목을 달아주어야 한다.

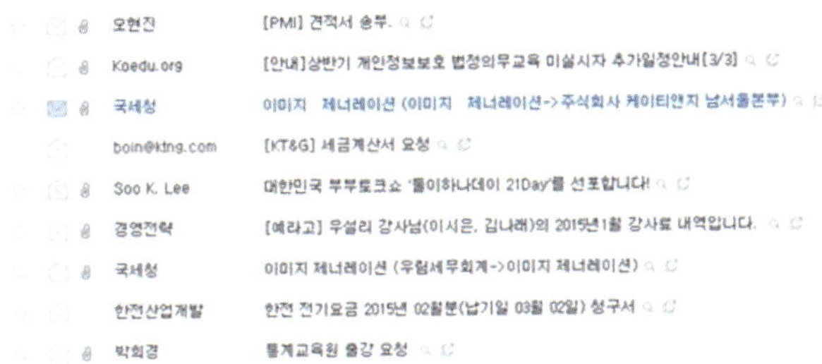

그림15-2. e-mail

2. 이것만은 피하자!!

메일을 주고받는 동안 답장을 클릭하면 제목에 'Re: 안녕하세요! 제안서 첨부합니다.' 라고 제목에 'Re'가 달려온다. 업무를 처리하다 보면, 여러 차례 메일이 오갈 수 있는데 답장만 클릭하게 되면 메일을 받는 상대는 무슨 내용인지 제목을 보면서 판단하기 어렵다. 또 시간이 지나 관련 내용을 다시 찾아볼 경우, 일일이 다 열어봐야 하는 번거로움이 있어 꼭 필요한 경우에 사용하도록 하자. 때로는 성의 없어 보일 수 있다.

3. 맞춤법을 확인하자.

어려운 단어나 헷갈리는 단어는 우리말이라 할지라도 자주 틀리곤 한다. 하지만 메일은 한번 보내면 다시 수정할 수 없으므로 다 작성한 후 한 번쯤 확인해보자. 오타가 지속되면 습관이 되기 때문에 꼼꼼히 확인하는 자세가 필요하다.

4. 기분 좋은 인사와 함께

메일의 첫인사는 너무 가볍지 않으면서도 친근하게 다가가면 좋다. 월요일에 보내는 메일이라면 '안녕하세요 주말은 잘 보내셨습니까'라든지 날씨 이야기, 혹은 업무상 공감할 수 있는 내용으로 시작하면 딱딱한 내용도 한결 부드러워질 수 있다. 또 본문 내용이 끝날 때도 정중한 인사와 함께 마무리 짓는다. 단, 짧은 시간 간격으로 메일을 자주 주고받거나 급하게 메일을 주고받는 경우라면 인사는 생략하는 것이 오히려 매너가 될 수 있다는 점을 알아두자.

5. 내용은 되도록 작성하자.

첨부파일을 받을 때, 제목과 첨부파일만 있고 내용이 없다면 무슨 생각이 들겠는가? 성의가 없다는 생각이 들거나 나에 대한 무관심으로 서운해질 수 있다. 간단한 인사나 짧은 말 한마디라도 담아보자.

6. 연락처 기재

메일을 보고 급하게 연락을 해야 하는 경우를 대비해 현재 받을 수 있는 연락처를 기재해 두면 요긴하게 활용할 수 있다.

과제 제출에 대한 내용으로 교수님께 메일을 작성해보자

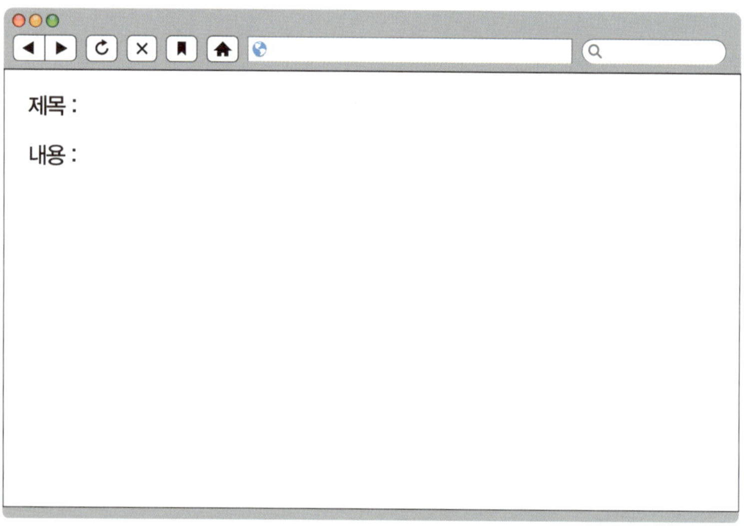

2 전화 매너

전화는 청각적인 요소로 소통하는 매체이다. 기업이나 회사에서는 고객과 직원이 만나는 제1선이며 보이지 않는 고객과 만나는 장소이기도 하다. 짧은 시간에 이뤄지는 커뮤니케이션이자 오직 음성에만 의존하기 때문에 전화응대에 대한 특성과 매너를 익히지 않으면 자칫 상대방으로부터 오해를 불러일으킬 수도 있다. 현대사회에서는 휴대폰 사용이 대부분을 차지하고 있어 늘 전화를 걸고 받을 수 있는 환경에 놓여 있으므로 상대방을 배려한 매너가 필요하다.

그림 15-3. 전화 매너

1. 일상에서 전화 응대 요령

1. 3가지를 밝히기.

잘 모르는 사람에게 전화를 걸 때 무조건 ○○○ 맞나요?"혹은 "저 ○○○인데요,"라고 말하는 것은 옳지 않다. 상대를 고려한 자신의 정보를 이야기해야 한다. 인사, 이름, 소속 등 3가지를 꼭 밝히자.

2. 상대의 통화 환경을 파악하자.

"여보세요. ○○○ 교수님, 저는 ○○○데요, 이번에 실습을 나가게 돼서 수업을 듣지 못하게 될 것 같습니다."

전화통화는 짧게 하는 것이 좋지만 바로 자신의 용건만 얘기하는 것은 상황에 따라 무례하게 들릴 수도 있다. 그래서 상대가 현재 전화를 받을 수 있는지 확인해야 한다.

→ 혹시 지금 통화 괜찮으신가요?

3. 쿠션 언어 사용하기

쿠션 언어란 말과 말 사이의 완충 역할을 하는 언어다. 특히 부정적인 이야기나 부탁을 해야 하는 상황에서는 "죄송하지만," "괜찮으시다면," 등의 말을 넣어보자. 상대가 당황하거나 기분이 나쁘지 않게 이야기를 할 수 있다. 전화는 목소리만으로 소통하기 때문에 말의 뉘앙스로만 분위기를 판단할 수밖에 없다. 음성적인 요소를 모두 신경 쓰기가 어려우므로 말의 내용에 상대에 대한 존중감을 넣어서 전달하는 것이 좋다.

4. 웃으면서 말하자

보통 전화 목소리만 들어도 상대의 기분을 알아차릴 수 있다. 목소리에는 그 사람의 표정과 느낌이 들어가 있다. 표정을 우울하게 하거나 화난 표정이면 말투 역시 비슷하게 나오고, 기분이 좋거나 흥분되어 있으면 목소리에도 감정이 섞이게 마련이다. 의도적으로 느끼게 할 목적이 아니라면 웃으면서 통화하자. 상대가 나의 전화를 받자마자 덩달아 기분이 좋아질 수 있다.

도입		안내		마무리
- 벨울림 - 최초 응대와 인사 - 늦게 받았을 때	➡	- 문의 - 담장자와의 연결 문의 - 통화 중에 대한 안내 - 연결 수신 - 부재중 - 메모 받아야 할 상황 - 위치를 문의할 때 - 잘못 걸린 전화	➡	- 추가 용건 확인 - 마무리 인사말 - 종료 예절

2. 업무적인 전화응대 요령

1. 도입 부분의 응대 요령

2~3회 울리기 전에 받는다. 전화를 빨리 받으면 전화를 거는 입장에서는 나의 전화가 중요한 전화라는 인식을 주게 된다. 최초의 응대는 인사이기 때문에 최대한 자신감 있고 밝은 목소리로 인사와 소속 이름을 밝혀야 한다. 간혹 소속과 이름을 흘려서 발음하는 경우가 있는데, 반드시 또박또박 알아들을 수 있도록 해야 한다. 혹시 전화를 늦게 받았다면 "늦게 받아 죄송합니다." "기다리시게 해서 죄송합니다."라는 말을 덧붙이는 것이 좋다.

2. 안내

① 담당자를 연결해야 하는 경우

상대방이 담당자를 찾는 경우 "잠시만요."라고 말하기보다는 "○○○씨 말씀이신가요? 곧 연결해드리겠습니다." 혹은 "잠시만 기다려 주십시오. 곧 연결해드리겠습니다." 덧붙여 "연결 중에 끊어지면 000-0000번으로 하시면 됩니다." 등 추후 있을지 모르는 상황에 대한 대비 멘트도 해 주면 좋다. 만약 담당자가 통화 중이라면 "죄송합니다만, ○○○씨가 통화 중인데요. 메모를 담겨드릴까요?" 아니면 "잠시 기다려주시겠습니까?"라고 선택을 하게 도와주는 방법이 있다. 만약 언제 끝날지 모르는 상황이라면 "죄송합니다만 현재 통화 중인데요. 메모를 남겨주시면 곧 전화드리도록 하겠습니다."라고 안내해야 한다. 부재중이어도 마찬가지다. "죄송합니다만 잠시 자리를 비웠습니다. 메모 남겨주시면 바로 연락드리도록 하겠습니다"라고 한다.

② 메모를 해야 하는 경우

통화를 하면서 예약 상황이나 전화번호를 남겨야 하는 경우, 혹은 관련 업무에 대해 전달할 일이 있다면 메모를 하는 요령을 알아두어야 한다. 이름은 "네 ~ 이 영자 회자님이신가요?" 라고 다시 한번 확인한다. 전화번호 역시 한 자 한 자 확인해가며 메모해야 한다. 이후 "ㅇㅇㅇ님께 꼭 전해드리도록 하겠습니다. 저는 ㅇㅇㅇ입니다."라고 자신을 밝히면서 상대에게 신뢰를 주는 것도 좋다.

③ 잘 모르는 업무에 대한 전화를 받은 경우

간혹 문의 전화를 하다 보면 전화를 받은 직원이 관련 업무 담당자를 연결해 주겠다며 이리저리 전화를 돌리는 경우가 있다. 이때 하던 말을 반복해야 하기 때문에 불만이 생기는 경우가 있다. 전화를 담당자에게 연결할 때는 내용에 대해 해당 담당자에게 간단히 넘겨주는 것이 좋다. 그리고 "저는 담당자가 아니라서 잘 모르는데요."라든지 "담당자 연결해드릴게요."라고 차갑게 대하는 것은 옳지 못하다. 이럴 때는 쿠션 언어를 사용해 "죄송합니다. 여기는 ㅇㅇㅇ부서라서 자세히 말씀드리기 어렵습니다. 관련한 담당 부서를 연결해 드려도 될까요?"라고 말하는 것이 좋다.

3. 마무리

마무리는 늘 더 궁금한 점이 없나 더 필요한 것이 없나 상대에게 물어보는 것이다. "더 궁금하신 사항이 있으신가요?" "추후 궁금한 점이 있으시면 언제든지 전화 주십시오."라고 성의껏 말한다. 마무리는 처음처럼 기분 좋고 자신감 있는 목소리로 인사를 한다. "고맙습니다. 즐거운 하루 보내세요." 등의 긍정적인 말로 마무리를 지어 좋은 인상을 남겨보자.

★★★ 3

호칭 매너와 압존법

1. 부모에 대한 호칭

- 자신의 부모님을 상대에게 말하거나 직접 부를 때 : 아버지, 어머니
- 상대의 부모님을 부르거나 배우자의 부모를 부를 때 : 아버님, 어머님
- 상대에게 다른 사람의 부모를 부를 때 : 부친, 모친

2. 부부관계 호칭

- 부부가 서로를 부를 때 : 여보, 당신
- 남편이 아내를 다른 사람에게 말할 때 : 아내
- 다른 사람에게 남편을 말할 때 : 남편
- 상대방의 남편을 언급할 때 : 부군, 바깥어른
- 상대방의 부인을 언급할 때 : 부인, 사모님

3. 친인척 관계에서 호칭

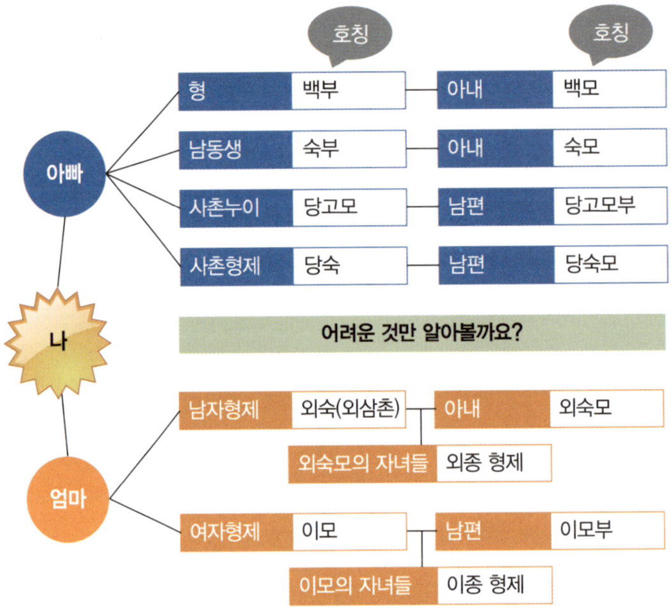

그림 15-4. 친인척 관계에서 호칭

4. 배우자 가족에 대한 호칭

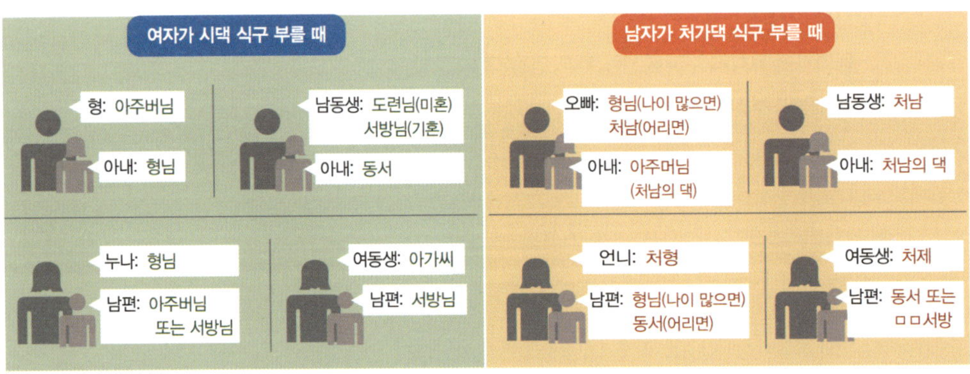

그림 15-5. 배우자 가족에 대한 호칭

5. 직장에서의 호칭법

직장에서의 호칭은 통상 직장 내 상하 관계를 알 수 있는 수단이다. 그러나 조직 분위기를 상하 관계가 아니라 수평 관계로 만들고자 하는 회사는 호칭을 과감히 생략하기도 한다. '님'으로 통일하는 경우도 있고, 과장, 부장 등을 생략하고 '매니저' 등으로 호칭을 바꿔서 고객들이 직급을 파악할 수 없도록 하는 사례도 있다. 각 회사의 기업문화에 맞춰 유연하게 이해하고 적용하면 될 것이다. 아래 내용은 윗사람과 아랫사람의 관계에서 어떻게 호칭을 사용해야 하는지 차원에서 참고하면 될 것이다.

① 상급자에 대한 올바른 호칭법

- 상사의 성과 직위 다음에 '님'을 붙인다. (박 사장님, 김 과장님)
- 이름을 모르면 직위에만 '님'을 붙인다. (부장님, 대리님)
- 상사에게 자기를 지칭할 때는 '저' 또는 성과 직위 혹은 직명을 사용한다.
  (박 과장입니다. 총무팀장입니다.)

② 하급자 또는 동급자에 대한 호칭법

- 성과 직위 또는 직명으로 호칭한다.(김 과장, 총무과장)
- 초면이나 선임자, 연장자일 경우 '님' 붙이는 것이 예의다.
- 하급자나 동급자 간에 자기의 호칭은 '나'를 사용한다.

③ 차 상급자에게 상급자를 호칭할 때

- 과장이 사장에게 부장의 지시를 보고할 때 과장에게는 존칭을 하지 않는다.
  ("김 부장 지시하에 진행된 프로젝트입니다.")

4 ★★★★

조문과 병문안

조문이나 병문안에는 특히 예의를 갖추어 상대방에게 결례되지 않도록 언어를 조심히 사용해야 한다. 특히 조문은 현대사회에서 가장 중요한 인간관계 관리라는 말이 있다. 슬픔을 함께 나누는 일만큼 관계를 깊어지게 하는 상황도 드물기 때문일 것이다. 이에 따라 관련 예절도 잘 익혀 실수하는 일이 없도록 하자.

조문 시 아무리 오랜만에 봤다고 해서 "오랜만입니다.", "수고가 많습니다.", "고생이 많으시네요." 등의 말은 적절치 못하다. "슬픔이 크시겠습니다." "삼가 고인의 명복을 빕니다." 등의 말이 적합하다. 고인의 사망 경위나 사인을 만나자마자 그 자리에서 상세히 묻지 않는 것이 좋으며 반가운 사람을 만나더라도 크게 반기지 않아야 할 것이다. 또 조문 순서를 잘 모르는 경우가 있는데 미리 익혀두어 방황하는 일이 없도록 하자. 먼저 방명록에 서명한 후 상주에게 인사한다. 그다음 영정 앞에서 분향하고 절한다. 이후 상주에게 맞절하고 조의금을 전달하고 나오면 된다. 절을 할 때는 남자는 평상시 왼손이 위로 오지만 흉사 시에는 오른손이 위로 올라오게 절을 하며 여성의 경우는 반대로 평소에는 오른손이 위로, 조문 시에는 왼손이 위로 올라오게 하면 된다. 조문 복장 또한 갖추어 입기를 권한다. 남성과 여성 모두 검은색 차림의 옷이 적합하나 급하게 소식을 전해 듣고 오는 경우는 미처 갖춰 입지 못할 수도 있다. 이런 경우 여성이라면 과한 액세서리를 빼고 립스틱도 연한 색으로 바꾸거나 지우는 것이 좋다. 특히 대중에게 잘 알려진 인기 연예인의 경우는 노란색 니트에 과한 귀걸이를 하고 등장해 누리꾼들 사이에서 뭇매를 맞기도 했으며 너무 화려한 스카프를 두른다거나 선글라스를 끼고 많이 파인 옷을 입어 논란이 된 적도 있다.

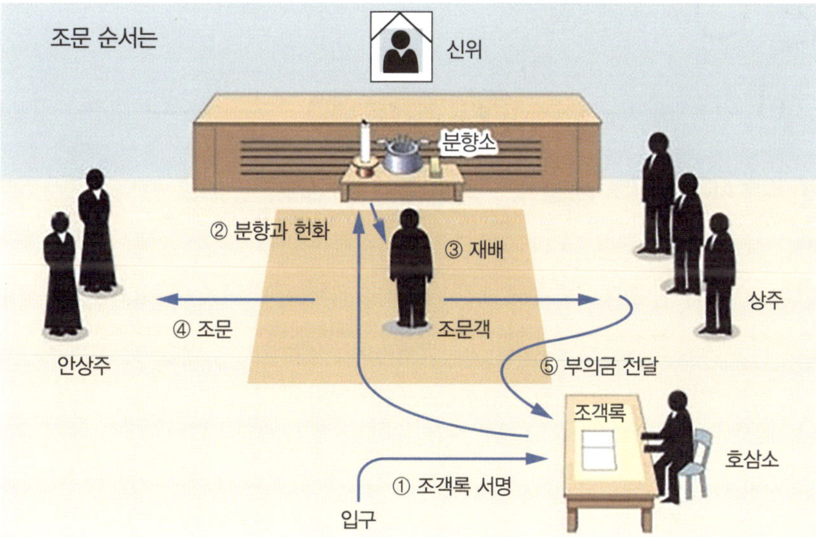

그림 15-6. 조문 순서

병문안 갈 때는 평소 습관대로 "안녕하세요?" 혹은 "안녕하셨어요?"라는 말을 하는 것은 상황에 맞지 않는다. "좀 어떠신가요?"가 적당하다. 병문안을 마치고 나올 때도 "안녕히 계세요."라는 말보다는 "빨리 쾌차하시길 바랍니다." "완쾌하시길 빕니다." 정도의 표현이 적절하다.

발표불안 Q&A

Q. 생각보다 많은 사람들이 발표불안을 겪고 있더라고요. 왜 그렇죠?

A. 여러 사람 앞에서 자신의 의견이나 생각을 논리적으로 정리해 말하는 것은 쉬운 일이 아닙니다. 사람마다 개인차가 있겠지만 발표에 대한 불안감을 경험하게 되죠. 우리나라 교육에서는 주로 읽기와 쓰기 교육이 주를 이루고 말하기는 자동으로 익혀지는 것이라 여겨 체계적인 훈련이 부족했다고 볼 수 있습니다. 발표 불안을 겪는 다양한 원인 중에 발표 자체를 어떻게 해야 할지 몰라 불안증이 나타나는 경우 체계적인 트레이닝을 하는 것이 좋습니다. 자기표현과 발표 상황을 자주 만들고 목소리와 제스처 등 발표에 필요한 연습을 하다 보면 자연스럽게 실력이 향상됩니다. 발표 불안이 조금씩 나아질 수 있겠죠. 실제로 스피치 교육을 받고 나서 불안이 많이 감소된 사례들이 많습니다.

Q. 발표를 기다리는 동안 심장이 뛰고 식은땀까지 나는데 제가 무대 공포증 맞나요?

A. 네. 흔히들 무대 공포증이라 하는 발표 불안증을 겪고 있네요. 발표 불안증은 공식적인 자리에서 대화를 회피하거나 두려워하는 상태입니다. 자연스럽게 소극적인 태도로 이어지죠. 그리고 신체 반응까지 연결되는데요, 손과 등에 식은땀이 나거나 자세가 뻣뻣해지고 목소리가 떨림은 물론 첫마디를 이야기는 하는데 머뭇거리게 됩니다. 반대로 속도가 너무 빨라 스스로 제어를 하지 못하게 될 때도 있습니다. 이런 증상은 개인마다 차이를 보이는데 눈 맞춤이 불안하다거나 몸을 이리저리 움직이는 모습과 같은 언어적, 비언어적 행동이 나타날 수 있습니다.

Q. 저는 발음이 조금 안 좋은 편인데 발표할 때 사람들이 제 발음을 지적할까 봐 너무 의식돼요.

A. 청중을 의식하다 보면 발표가 긴장되고 떨릴 수밖에 없습니다. 발표 불안은 다수 즉, 대중 앞이라는 상황에서 대중들의 평가가 이루어진다고 생각하는 사회불안이라고 보는 견해도 있습니다. 적당한 불안은 집중력과 성과를 높일 수 있지만, 이 불안이 너무 가중되면 오히려 집중력을 떨어뜨리고 성취를 낮게 할 수 있으니 지나친 의식은 하지 않는 것이 좋겠죠. 발표 불안을 극복하려는 의지가 있다면 이 말을 기억해 보세요. 혜민 스님이 모 방송 프로그램에 나와서 이런 말씀을 하셨습니다. "사람들은 내가 생각하는 것보다 나에게 관심이 없다." 결국, 상대는 아무 생각 없이 바라보는데 나만 상대를 의식하며 살아가는 경우가 많다고 합니다.

Q. 예전에 발표하다 크게 실수한 이후로는 발표는 생각만 해도 아찔합니다. 곧 면접에서 프레젠테이션도 해야 하는데 극복 방법이 없을까요?

A. 그동안 얼마나 발표가 불편하셨을지 짐작이 갑니다. 발표 불안은 초기 경험에 실패한 경우에도 생길 수 있습니다. 또 나의 의사 표현이 인정이나 합당한 대가를 받지 못하는 경우에도 일어날 수 있고요. 수업 시간에 질문했다가 창피를 당했거나, 친구들에게 비웃음이나 핀잔을 들었다면 그 불쾌한 기억으로 인해 불안이 증가하고 자기 표현력도 저하되곤 합니다. 이런 부정적인 경험들을 지우고 현재 긍정적인 경험들을 키워가는 것이 좋겠죠. 한 가지 방법으로 생각 전환 기법을 실행해보라고 권하고 싶네요. 우선 비합리적인 생각을 줄이는 거예요. 비합리적인 생각이란 예를 들어 '발표할 때 친구들이나 선생님이 틀렸다고 하면 어떡하지', '그럴 바에 아예 안 하는 게 낫지', '나만 쳐다보면 큰일이야', '실수하면 안 돼', '갑자기 생각이 안 나면 어떡하지' 등의 생각을 말합니다. 이런 생각을 합리적인 생각으로 바꾸어하는데요 발표 전 잠시 눈을 감고 크게 숨을 쉬며 되뇌세요. '생각보다 떨리지 않네', '잘할 수 있어.' 별거 아냐.', '생각이 안 나면 준비한 자료를 보면 되지.', '친구들이 응원해 줄 꺼니까 한 번 해보자.'라고 생각합니다. 마지막으로 발표가 다 끝나면 자기 강화 메시지를 남깁니다 '잘했어', '전보다 훨씬 나아졌어.', '용기를 냈으니 난 해낸 거야.' 등의 이야기를 스스로에게 남겨주세요.

Q. 앉아서 말하는 것은 자신이 있는데 앞에만 나가면 제 모습이 아닌 것 같아요

A. 대중의 크기에 따라서도 불안은 크게 나타나는 법입니다. 청중이 많을수록 발표 상황에 압도되어 할 말이 잘 생각이 안 난다거나 자연스러운 본인의 모습이 갑자기 어색해지고 말투도 딱딱해지고 그렇죠? 심지어 어떤 학생은 옷을 발가벗은 것 같다며 하소연할 때도 있습니다. 발표불안 연구에서는 다양한 원인들을 분석하고 있는데요, 사람들은 발표 위치에 민감한 반응을 보인다고 합니다. 제자리에서 발표할 때는 약간 긴장을 하는 정도이고 친구들이 나를 봐도 불안감을 덜 느낀다는 거죠. 하지만 앞에 나와 있을 때는 완전 노출상태이기 때문에 불안감이 크다고 합니다. 이런 경우는 그룹을 지어 청중 늘리기 훈련과 발표 자리 바꾸기 훈련을 해봅시다. 청중 늘리기 훈련은 처음엔 두 사람이 이야기를 하고 다음은 4 사람이 함께 이야기를 하고 다음은 10명이서 이야기한 후 마지막으로 전체 앞에서 이야기를 해보는 것입니다. 이어서 발표 자리 바꾸기 훈련은 처음엔 앉아서 이야기하다가 제자리에 서서 이야기하기를 한 뒤 앞으로 나와서 이야기를 하는 등 점진적으로 상황을 바꾸어 롤플레잉을 하면 좋습니다.

Q. 저는 제 단점을 잘 알고 있습니다. 사실 말이 두서가 없긴 해요 그래도 말하는 것에 대한 두려움은 없는 편인데 발표하려고 하면 너무 긴장이 되더라고요 또 지적받을 것 같고….

A. 자신의 단점과 약점에 대한 비판이 두려운 경우이군요. 차이가 있겠지만 사람들은 누구나 자신의 약점을 알고 있고 발표 시에는 조금이라도 의식을 할 겁니다. 그러나 발표 불안증이 없는 사람은 자신의 약점보다는 발표를 해야 하는 목적에 더 큰 의미를 두는 반면 불안증을 보이는 사람들은 약점에 대한 비판이 가장 크게 자리 잡습니다. 이를 극복하기 위해서는 아이스 브레이킹 법을 조금 참고해서 다 함께 실습해보는 것입니다. 아이스 브레이킹의 원칙 중에서 상대의 이야기를 비난하지 않는다가 있죠? 마찬가지입니다. 주제를 주고 발표를 하고 이에 대한 긍정적인 피드백을 주고받는 시간을 갖는 것입니다. 이렇게 되면 자신의 단점보다는 장점에 생각이 몰리게 되고 청중들의 긍정적인 표정과 반응들이 불안감을 낮춰주게 될 것입니다.

함께 생각해 봅시다!!

"나는 어떤 청중일까요?"

발표 불안증의 증상과 원인의 문제는 발표자에게 있지만 원인 제공은 청중일 수 있다는 생각 해보셨나요? 관심 없는 표정의 청중, 앞에서는 발표를 하고 있는데 스마트 폰을 만지작거리는 청중, 냉정한 눈빛을 보내는 청중, 반응이 전혀 없는 청중, 잘 들으려 하지 않는 청중 혹시 여러분이 이에 해당한다면 생각해봅시다. 청중들의 반응이 의식되고 실수할까 봐 걱정되는 마음에서부터 발표 불안은 시작될 수 있습니다. 사람들이 내 앞에 아무리 많아도 그 많은 사람이 나를 향해 웃고 있고 칭찬을 해주는 내 편이라면 앞에 서는 것이 두려울 것이 없겠죠? 앞에서 누군가가 말하고 있을 때 집중해서 듣는 청중, 잘 듣고 있다고 반응을 해주는 청중, 밝은 표정으로 바라봐주는 청중, 궁금한 점을 메모해 놨다가 적극적으로 소통하려는 청중, 잘 들었다고 소감 한마디 덧붙여 주는 청중이 필요합니다. 발표를 두려워하는 친구를 위한 배려는 바로 훌륭한 청중이 되어주는 일입니다. 그리고 긍정적인 효과는 부메랑처럼 다시 내게 돌아옵니다. 내가 먼저 발표자를 배려하는 멋진 청중이 되어보면 어떨까요?

Speech &
Communication